小売業態の
誕生と革新

その進化を考える

中田信哉
Nakada Shinya

Retail Trade

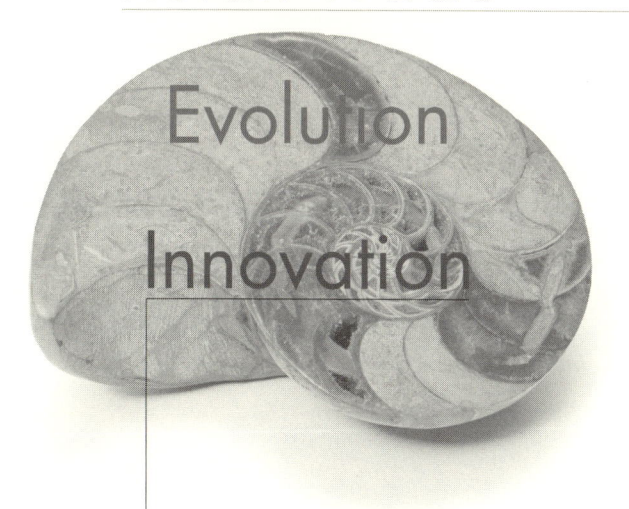

Evolution

Innovation

東京 白桃書房 神田

まえがき──小売業態と進化論

1　業態を考える

　神奈川大学で「流通論（最初は商業学だった）」を講義するようになってもう27年たつ。最初は非常勤であったし、その後、専任になったのだが初めから今に至るまでただひとつまったく変わらず同じことを言い続けている話がある。こういう内容である。

　「流通というのは英語のディストリビューションの訳です。流通というと何となく商品が流れている状態を連想させます。では、ディストリビューションという言葉はどういう意味でしょうか。もちろん、流通であり、配給、配分とか伝導を言いますがこういう例があります。皆さんは子供のころ、あるいは最近でも動物園に行ったことがあるでしょう。そこで思い出して下さい。

　動物園には檻や柵があってそこに動物がいます。その檻などには説明板がついています。まず、動物の名前が書いてあります。たとえば「タヌキ」です。次にその英語名が書いてあります。タヌキの英語名は何ですか（昔は「ラスカルではありませんよ」と言ったが今では言わない）。ラクーン・ドッグと言います。ラクーンとはアライグマのことです。欧米にはタヌキは棲息していないのでそれに該当する言葉はありません。だから、アライグマに似たイヌだ、というわけです。しかし、アライグマはアライグマ科の動物でタヌキはイヌ科の動物です。アライグマはむしろイタチ科に近い。まったく違う動物です。

　まったく違う動物なのにどうして似ているのでしょう。これは「適応放散」によるからだと言います。適応放散とはまったく違う動物がたまたま同じような環境下で同じような生活方法を採っ

た場合、似た形になったことの結果です。

　日本にはタヌキと似た動物としてアナグマがいます。アナグマはイタチ科の動物です。もともとはまったく違う動物でした。タヌキの先祖とアナグマの先祖がそれぞれ違う場所へ放散していき、その環境に適応した場合、同じ環境に棲むこととなったタヌキとアナグマは同じような里山に近いところで同じような雑食で、同じような穴で繁殖するようになった結果、似た形になってしまいました。当然、タヌキとアライグマの混血はできません。おもしろいでしょう。

　ああ、話がそれてしまいました。タヌキの英語名でした。その下には学名が書いてあったりするでしょう。そして、次は大きな世界地図が書いてあってタヌキの棲息場所が赤で塗ってあります。ここには「分布」と書いてあります。「東アジア、日本」とあるはずです。問題は分布の下にある英語です。何と書いてあるのでしょうか。実はディストリビューション——distribution——と書いてあるのです。そうです。ディストリビューションは「分布」なのです。

　そうであるとしたら流通の本来の意味は単に流れている状態を言うだけでなく、流れた結果の状態をも含んでいると考えねばなりません」（何を教えようとしているのかよくわからない）。

　でも、こういう風に話すのである。昔も今もそうであった。だから、大昔に卒業した元学生たちが「タヌキというと先生を思い出す」というくらいである。私は動物の話をするのが大好きである。動物についての私のキャリアは長い。流通やマーケティングよりも古い。子供のころから動物が大好きだった。でも、買い物や縁日も大好きだった。しかし、まともに相対したのは動物の方が古い。高校２年の時に本を読んでファンだった早稲田の高島春

雄先生という方に手紙を書き、返事で勧められた「日本野鳥の会」というところに入会した。探鳥会などに参加したのは大学に入る前の２年程度だったがその後、会員ではあり続け、途中一時、会費を払わない時もあったが今でも特別会員になっている。WWF（世界自然保護基金－略称世界野生保護機構）の会員でもある。

　流通・マーケティングにまともに取り組んだのは大学に入って「広告学研究会」に入ってからである。こちらの方が生活の糧を得るための本業となった。しかし、今でも望遠レンズ付きのカメラを持ってたまには外へ出るし、庭の木に林檎などを刺してムクドリやヒヨドリやメジロやその他のトリがやって来るのを隠れてセットしたカメラで撮ったりしている。傑作もある。多分、読むのは自慢するわけではないが今でも流通・マーケティングの本よりも動物関係の本の方が多いと思う。まあ、乱読だが……。

　大体、流通・マーケティング関係の本や資料は読むことは読むがあまり好きではない。嫌いな世界の話ではないので苦痛とまでは言わないが気乗りはしない。ただ、その中で異常に興味を持ったのが「小売業態」である。

　私の師匠というか兄弟子というか、宮下正房氏（東京経済大学名誉教授）という方の若い日の著書に「スーパー対デパートの激突」という本がある。私はこの本を読んで流通経済研究所に入れていただいたようなものである。また、フランス文学者の鹿島茂氏に「デパートを発明した夫婦」という本がある。

　スーパーもデパートも業態としての小売業である。業態とは「激突するもの」であり、「発明するもの」だった。おもしろくないわけがない。学生たちにとっても興味深いものである。身近に新しい小売業が出店してきたり、今まで見てきたこともないお店

を発見したり、彼らが仲間内で話しているのを聞くともなく聞くと小売店のことを話題にしていることが多い。

「昨日、代官山でおもしろい店を見つけたぞ」とか「そのシャツ、どこの店で買った。おれも買いたい」とか「今度、できたショッピング・センターには結構いい店が入ってるぞ」とか「この間、サークルの合宿で山に行ったらコンビニがなくて苦労したよ」とか、である。こういう話題なら私も加わりたい。

とにかく業態の話はおもしろい。「こういう業態はいったい、いつごろ登場してきたのだろうか」とか「同じ業態同士の競争は何がポイントになるのだろうか」とか「昔、よく見た小売店だが今ではあまり見られなくなった。どうしたんだろう」とか「新しい業態を作るというのはどういうことだろうか」とか興味は尽きない。

2　環境理論

実はこういう業態の発生から成長、そして衰退、などの流れを近代の商業の変革の中でとらえていくことは流通というものの持つダイナミズム（体系の発展の仕組みあるいは過程）を語る上で有効であり、流通の変化の表象的な現象として整理していくことによって流通革命だの流通革新だのといったことの構造を知ることができる。

そうであるが故に流通やマーケティングを研究する人たちも業態の発生から成長に至るメカニズムを研究するのである。ただ、この流れをどういう視点で把握していくのかというのは難しいことである。昔からこの構造を理論化しようということを多くの人が試みてきた。それをグループ分けした場合、「環境理論」というのがもっとも主流であるといわれる。

この環境理論はダーウィン流の進化論によるという。「環境適合」や「自然淘汰」というものである。決して進化論と業態論は縁のない世界の話ではないのである。そもそも、社会科学の理論の多くは自然科学に依拠している。その証拠に経営学やマーケティングの世界においては自然科学、特に生物学の世界で使われる言葉が山ほどある。経営領域を語る場合の「ドメイン論」は生物の生存領域を言う生態ドメインからのものであるし、よく隙間商法などの意味で使われる「ニッチ戦略」は生態ニッチからの言葉である。マーケティングにおける「プロダクト・ライフサイクル論」はもともとが種の盛衰をサイクルとしてとったライフサイクルからのものである。

　ダーウィン流の進化論で業態を見ることは不思議でも何でもない。大体、ニュートン（物理学）やフロイト（心理学）やダーウィン（生物学）の唱えた説はすでにその分野の独占物とは言えない。彼らの理論の大筋はすでに普遍化しており、自然科学だけでなくすべての社会科学の中にとり込むことはおかしくない。

　というわけで今回、私は業態と進化論の関係をいささか強引に結びつけてみた。というのは流通における環境理論は確かに進化論的発想によるものであるが果たしてどれだけ進化論の中に踏み込んでみたのかはよくわからない。偉い学者が環境理論に基づいて説を発表する場合、偉い学者であるからきっと進化論や生態論を研究し、勉強しただろうことは容易に想像できる。

　しかし、この偉い学者が自らの説を発表する場合、そのバックにある生態論や進化論についていちいち語ることはない。そこで偉い学者の裏側を少しのぞいてみてやろうかというのも今回の目的である。

　もちろん、進化論を考えてみることによって新しい業態論を展

開しようなどという不埒なことを考えているわけではない。単に業態評論を行うのに進化論を強引に結びつけてみたというだけの話である。進化論といってもその切れっ端を無秩序に引っ張ってきただけである。

3 進化論を思う

ところが最近の進化論の学問的進歩は著しい。もともと、進化論は肉眼で見える存在物を観察し、それをいじり回すことで行われた。ダーウィンのガラパゴス島のフィンチという鳥とかアリゾナ州の恐竜の化石とかである。それらを比較分析した結果、ある仮説を導き出すというものである。そこには多分にサスペンス（推理）小説的な匂いがある。文学的と言ってもよい。

ところが最近の進化論は目に見えない世界に入っていった。今、進化論はゲノム（遺伝情報）の研究が中心である。ミトコンドリアなどのDNAの話になっている。専門用語を知らず電子顕微鏡も持たない（？）われわれには手に負えない。せっかくの文学や哲学の世界だったのが化学や数学の世界に行ってしまったのである（素人にはそう思える）。

ただ、ドーキンスというイギリスの学者が言ったという「生物は単にDNAの乗り物に過ぎない」という利己的遺伝子の話にはSF的文学の匂いは感じられるが……。

これは経済学でもそうである。アダム・スミス、リカード、ケインズ、更にはマルクスなどの経済学には文学的な、あるいは哲学的な大きな夢がある。しかし、最近の経済学、特に近代経済学はモデルを作り、計算式を馬に食わせるほど投入するという算数や理科の世界になりつつある。

こういう世界においては私にとって業態論と進化論を関係づけ

て考えることはできない相談である。目に見えるものを対象として古典的進化論と世俗的業態論を強引に関係づけてみるというのが私の限界である。遺伝子的な研究を業態論に結びつけるならもっともっと別のアプローチをする必要があるだろう。

執筆を始める前にはこの進化論のところは神奈川大学の同僚である理学部の生物学の先生に読んでもらい、訂正していただこうと考えていた。しかし、反対に流通について誰か素人の人が何かを書き、私に「読んでみて直して下さい」と言ってこられた場合、事実と明らかに違うことについては訂正もできるが解釈については専門家的に「それは定説とは言えないよ」とか「それの解釈はいろいろあり、こうだ、というのは言い過ぎかもしれない」とか「厳密に言うとその表現は正しくない」とか、いろいろうるさいことが出るであろう。それをいちいち訂正していたら元の文章自体が成り立たなくなる。この本についても生物学の先生は「問題外だ。話にならん」と言われるに違いない。

そう思ったので見てもらうことはやめた。したがって、進化論については読み物的な意味しかない。それを最初にお断りしておく。つまり、進化論的業態評論以上のものではない。

そこで、まず業態について枠を言っておく。私は「業態とは経営的コンセプトというものが明確に存在しており、そのコンセプトに対応した市場標的（顧客のターゲット）が明らかになり、そのためのバックアップ・プログラムが構築されているということが条件となる。それに基づいてでき上がった小売業のビジネス・タイプを言う。」というように理解している。

こう考えると町中にある家族経営の昔ながらの小売店は経営コンセプトとして「地域の人の日常生活の役に立つこと」があり、ターゲットとして「近隣の人たち」があり、バックアップ・プロ

グラムは「すぐれた問屋さんを選択し、仕入を外部委託システムとして確立する」ということになり、言葉の上からだけだと立派な業態だと言えよう。

しかし、一般的に言われる業態型の小売店と業種型の小売店の違いは厳然として存在している。それを単純に企業経営型小売業と家業経営型の小売業に分けてよいものだろうか。商業集積についても「自然発生型の商店街と人工開発型のショッピング・モール」と同じ考え方かもしれないがそれだってその中間型は山ほど存在する。

このあたりのことはまだ、私の頭で整理ができていない。このことは本文の中で述べることとしてひとまず、業態というものが存在することをここでは確認しておく。

4　環境適合の前段階

業態が誕生し、それが環境に適合して成長し、業態の確立がなされる。これはわかりやすい話であり、後は社会学的接近である程度のことは述べていくことが可能だろう。どのように環境に適合し、誕生した業態が小売業の形として独り立ちをしてその後、環境に対しての調整が行われ、形を少しづつ変えていき、業態として確固とした地位を占めることとなるのか。やはり環境変化に合わせて業態の変容を行い、新しい業態になっていくというサイクルである。

ここまでの流れはその業態ともろもろの環境（社会環境、技術環境など）を分析していけばよい。これはしやすい研究である。しやすいというよりは個人的な考え方とレベルは別として環境事象についての知識である程度のことは言えるはずである。そこから多くの業態変化のダイナミズムの理論が生まれてくる。これは

進化論でいうならダーウィンの環境適合と自然淘汰と同じことである。目に見える、現在、存在している動植物と化石などの表層的事実を目で見て分析するからである。ここから因果関係を導き出せばよい。

ところが問題は業態の誕生である。どういう機制で、どういうカラクリというか仕組みでその誕生があるのか、という問題である。これもある環境条件が整った場合、そこに天才的な起業家が登場し、環境変化を巧みに見つけ出し、それに適合する業態を作り出したというなら話は簡単である。後はその起業家の人物論とできた業態の分析でよいのだろう。

しかし、実態を振り返ってみると多くの新しく生まれた業態の始まりはいつでも「新しい業態を作ろうという意志」があったというものではない。たまたま、そうなったというものである。たまたま、というのは偶然という意味とは少し違う。後で新しい業態を生んだと言われる人たちは常によい結果を求めようとして「何か」をしていたのである。それはアイディアかもしれないし、手直しかもしれない。つまり、何らかの「変化」である。

この変化は果たしてある時点において突如、起こったものだろうか。そうではないと思う。こうした変化は多くの人たちが常に行ってきていたことである。変化は大昔から不断に起こっている。数え切れないほどの変化が世界中で無数に起こっている。そして、それは中立的進化論における「中立的変異」なのである。有利か不利か、に関係なく変異が起こっているのである。

その中立的変異のうち、たまたま、環境にうまく適合したものが新しい業態として登場するということだろうか。しかし、広い範囲で環境変化が起こっており、やはり広い範囲で多くの人によって多くの業態適合的変化があるはずである。では、そのうち、

新しい業態の誕生として後々まで語り継がれるものとは「その後の成長と定着」によって業態として生き残ったものだけからではなかろうか。

　これはこれでよい。生物の種についても「変異によって生まれたがその後、環境適合せずに消えていったもの」はいくらでもあるはずである。この消えていった理由については既存の方法ではなかなかうまく説明できない。むしろ、工学的な、あるいは動物生態学における形態論とか機能論で言うべきかもしれない。そういう意味で佐貫亦男氏の『進化の設計』は私にとっては参考となる。

　時々、プロ野球などで大記録を打ち立て選手の陰で消えていった反スター的な人を取り上げた本が出版される。「なぜ、すぐれた素質を持つあの選手が脚光を浴びることもなく、消えていったのか」という内容のものである。私はこういう読み物が好きである。「人の不幸を喜ぶ」ということではなく、「不成功の鍵」のようなことを知ることになるからである。そういう意味で「小売業のダイナミズム」の研究においては「不断に、無数に生まれる変化」がどう生き残って業態として定着したか、ということと同時に「生き残れなかった、定着できなかった」ものの研究が必要だと考える。これは後追い型の進化論ではなく、現在、進められている遺伝子の研究による変異の研究に共通するものだと考える。

　「環境に適合した」ではなく、「環境に適応しようとしている」ということの研究である。これが業態論において行われるならもうひとつ興味深いものとなるのではなかろうか。

　15年使ってきた（何機種かの交代がある）キヤノンのワープロが壊れた。「廃インクタンクが寿命である。部品交換しろ」とい

う表示が出た。メーカーに問い合わせてみると「もう、部品の在庫がない」ということだった。

5年位前から自宅で原稿を書く場合、ワープロとパソコンを併用してきた。短いものはパソコンのワードで、長いものはワープロで書いた。使い慣れたワープロの方が具合がズンとよかったからである。自宅のワープロもパソコンもインターネットに接続していない。これまで出版社や雑誌社、新聞社に原稿を送る場合、MS/DOSでフロッピー・ディスクに落してそれをハード・コピーと合わせて郵送していた。実は自宅にもインターネットに接続したパソコンがある。一昨年、結婚して家を出た娘が使っていたものである。ただ、これは画面が小さくて老人には見るのがしんどい。だから、使う気がしない。

たまにフロッピーを持っていって研究室のパソコンでインターネットを使って送ったりしていた。ワープロはまだ、使えるがプリンターが使えなくなった。プリンターは大学の研究室にしかない。こうして、私の回りの情報的環境が変化し始めた。自宅と大学の混合がこれまでの形であるが定年まであと3年9か月。その後はすべて自宅で行わねばならない。私にとって環境適合の時期に来ているのである。どう、変化に対応した変異を行うかが問題である。ここでも中立的進化があり、「なるようになる（つまり、予測して行うのでなく、結果としてそうなる）」ということだろう。もちろん、原稿書きはやめ、年金で食うという（結果としての）選択肢もある。

以上、この本の「まえがき」のつもりである。単なる随想、あるいは程度の低い評論であって業態論ではない、というようにも思える。また、読み返してみるとずいぶん矛盾したことも言っている。私にはどうも評価できない。お許しをいただきたい。私の

苦手のもの、「社名、店名、年月日などの正しい表記」「外国語のスペル」「外国人の名前の読み方」「校正」。私は思いこみが激しいうえに性格が雑であるので間違った部分が多くあると思った。そこで神奈川大学大学院経済学研究科の河田賢一君に流通論に関する部分については確認作業をしてもらった。また、いろいろと無理をお願いした白桃書房さんにもあわせて感謝申し上げる。

2008年

中田　信哉

目 次

まえがき―小売業態と進化論 ……………………………… i

▪ 業態というもの ▪

1 業種と業態 ……………………………………………… 1
2 創造された事業形態 …………………………………… 3
3 業態の特徴 ……………………………………………… 6

▪ 流通機構と業態 ▪

1 流通機構というもの …………………………………… 11
2 小売機構のこと ………………………………………… 14
3 業態型小売業の誕生 …………………………………… 17
4 二足歩行 ………………………………………………… 19

▪ 見たことのない小売業 ▪

1 分類をしてみると ……………………………………… 23
2 業態の誕生と進化 ……………………………………… 25
3 総合進化説のこと ……………………………………… 27
4 進化の設計 ……………………………………………… 30

▪ ヒット商品と業態発生 ▪

1 環境適合理論 …………………………………………… 35
2 スーパー第1号 ………………………………………… 36

3	流通のダイナミズム	38

■コンビニエンス・ストアの分化■

1	コンビニエンス・ストアの扱い商品	45
2	急速な変化	47
3	フィンチのくちばし	50
4	変異の起こり方	55

■突然変異なのかスーパーの登場■

1	キング・カレン	57
2	革新と繁盛	58
3	傾斜粗利制というもの	61
4	突然変異なのか	66
5	遺伝子の変異	69

■100円ショップの用不用■

1	100円ショップ登場	73
2	不況期の産物	76
3	用不用説	80
4	直線進化	85

■百貨店の適応放散■

1	ボン・マルシェ	87
2	いわゆる大型店	91
3	適応放散	95
4	適応度の高さ	98

■ GMS とは何だったのか ■

1　シアーズ・ローバック …………………… 101
2　凋落のきざし …………………………… 104
3　大型哺乳類の絶滅 ……………………… 107
4　小型が有利か …………………………… 109

■ SPA は失敗の進化か ■

1　ユニクロと GAP ………………………… 113
2　オリジナル・ブランドと小売業 ………… 116
3　ブランドのリスク ……………………… 119
4　失敗の進化史 …………………………… 122

■ ウォルマートは恐竜か ■

1　スーパーセンターへ …………………… 127
2　恐竜大型化 ……………………………… 130
3　ミドル層の崩壊 ………………………… 134

■ ノードストロームという業態 ■

1　神話の誕生 ……………………………… 139
2　シアトルのノードストローム …………… 141
3　高度なサービス ………………………… 145
4　業態という種の分類 …………………… 148

■ コンビニの誕生と中立進化 ■

1　便宜性のニーズ ………………………… 153
2　衰退・拡大・放散 ……………………… 155

3　断続的平衡 ………………………………… 159
　　4　中立的な変異 ………………………………… 161

■ 棲み分けは救いなのか ■

　　1　自然集合の形 ………………………………… 165
　　2　モータリゼーションの時代 ………………… 168
　　3　業種対業態の戦い …………………………… 171
　　4　棲み分け理論 ………………………………… 173
　　5　結果としての共存 …………………………… 176

■ 変化は起こり続けるもの ■

　　1　不断な変化 …………………………………… 179
　　2　業態の定着 …………………………………… 181
　　3　適合の条件 …………………………………… 184
　　4　選択から分化 ………………………………… 186

参考文献

業態というもの

1　業種と業態

　会社や大学でたまたま、お店の話題が出てきた時に「あの三河屋酒店が……」とか「ほら、山本菓子店が……」といったように言うならそれは多分、近所に住んでいる人同士の話であるだろう。周りの人は「ローカルな話をしているなあ」と思うに違いない。ごく一部の人を除いて三河屋も山本菓子店も知らない。しかし、「昨日、イオンの新しいお店に行ったら……」とか「最近、うちの近くにセブン－イレブンが開店したよ」というなら「それがどうした」と思う人はいたとしても少なくともそのお店のことは名前だけだとしても誰でもが知っている。

　簡単に言うなら、この誰でもが知っているお店が業態であり、三河屋酒店や山本菓子店はご近所の人しか知らないから業種となる。業種と業態の違いは有名店かそうでないかの違いなのであろうか。有名度がその違いではなく、なぜ、有名なのか、というところにポイントがある。

　一般には業種と業態は小売業を分類するための軸であると思われる。「何を売るか」で分類したのが業種であり、「いかに売るか」で分類したのが業態だというわけである。では百貨店や総合スーパーを業種なのか業態なのか。

　百貨店や総合スーパーは業態だというが業種分類なら「各種商

品小売業」ということになる。しかし、各種商品小売業というのは統計（商業統計）をとるにあたっての便宜的な分類方法である。業種分類とは言えないだろう。

　家の近所にあるおばあさんが一人で店番をしている雑貨屋さんはどうであろうか。業種で言うなら雑貨店であるが、業態では何とも言いようがない。「うちは雑貨の専門店だ」などと言うが専門店とは言えないのではないか。あえて言うなら「雑貨専門のお店」と言うべきだろう。業種と業態は小売業を分類する上での単なる軸だという意見があるが、もし、そうなら次のような疑問が生まれる。

　「百貨店とか総合スーパーだとかディスカウント・ストア、更にはコンビニエンス・ストアなどは何を売るかで考えてみると分類のしようがない。一方、現在の日本で小売店舗の大部分を占める町に100万店も存在する小さな家業型の小売店は業種としていくらでも分類できるが業態としては分類のしようがない」。

　これは外国においても同じである。これを業態で「一般店」（ゼネラル・ストア）と言うならあまりに雑過ぎるだろう。どうも、業種、業態を分類の軸と考えるには無理がありそうだ。

　ところで「ブランド」というものがある。これは国語辞典で引くと「商標」あるいは「銘柄」となっている。しかし、マーケティングのブランド論においてブランドというものは単なる商標、銘柄ではない。そのブランドが持つ意味や消費者心理・行動とブランドの関係をいうものである。同じように業態というのは単なる小売業を分類する軸というわけではない。業態論で言われる業態というのは大昔から（つまり、小売業が誕生した時から）存在するものではなかったと言うべきである。

　業態はおおむね19世紀の後半から以後の場合にのみ登場するの

である。業態についての説明では出牛正芳編著『基本マーケティング用語辞典』において田口冬樹氏が担当されたところが私としては気にいっている。そこではこうである。「特定の販売方法や営業方式によって発展する事業の行き方やとらえ方を業態と言う。営業形態の略といわれており、流通業やサービス業で多く利用される概念である。小売業ではスーパーマーケット、コンビニエンスストア、ディスカウントストアなど業態としてとらえられ、特定の商品分野に限定されない品揃えで、品揃えの広狭、価格水準、セルフサービスの採用程度など戦略目標にもとづくマーケティング・ミックスの特徴から創造される」とある。

2　創造された事業形態

これからみると業態というのは明らかに戦略目標に基づく創造された事業形態であり、事業の発展・成長をベースに置いた小売経営のビジネス・モデルだと言えよう。多くの家業型で生活のために1軒あるいは2軒程度、独立に運営される小売店は含まれないこととなる。こうした業態が生まれ始めたのは19世紀の後半からだと言われる。それは大衆社会の登場である。大量生産と大量消費を背景としたいわゆる「大衆消費社会」が生まれてくるのである。それは産業革命がスタートさせた。産業革命は18世紀の半ばにイギリスにおいて起こり、西ヨーロッパ諸国に普及した。アメリカにおいては19世紀に入ってからのことであるがこのことがただちに大衆消費社会を生んだわけではない。

じわじわと産業構造や社会階層に変化を起こし始めたのである。それが大きな動きとなるのがアメリカである。アメリカにおいては19世紀末から大量生産を可能とする経営革新が起こってきた。それがオートメーション、分業生産、標準化をベースとする

近代的な生産体制である。

こうした動きは同時に鉄道や機械船、その後の自動車などによる交通システムの発展が前提ともなっている。住宅、道路、などのインフラ整備や情報、建築、機器などの技術開発があり、こうしたことを実現した国家においては大きな大衆市場と言うものが生まれてくる。「マス・プロダクション・マス・コンサンプション」、いわゆる大量生産・大量消費社会の到来である。日本も遅れて20世紀に入ってしばらくしてからこの方向をとることとなる。業態を希求する小売業はこうした中から起こってくる。

そういう社会背景がなければ業態は生まれない。なぜなら交通網が発達していなければ消費の広い範囲における買回り行動はできないだろうし、大量の商品を調達して大量の販売することも不可能である。第一、消費を構成する購買力を持った多くの消費者が存在しない。必然的にこういう状態の中ではある種の商品に限

図ー1　アメリカにおける業態展開

	1800年	1850年	1900年	1930年	1950年	1960年	1980年	2000年
有店舗	ゼネラルストア	百貨店	エコノミーストア	スーパーマーケット		コンビニエンスストア		
	業種型専門店		業態型専門店	ディスカウントストア ドラッグストア バラエティストア GMS		総合ディスカウントストア カテゴリーキラー オフプライスストア ファクトリーアウトレット		スーパーセンター
集合体				チェーンストア ボランタリーチェーン （コープ）	フランチャイズチェーン	ショッピングセンター ネイバーフッド型 コミュニティ型	リージョナル型 スーパーリージョナル	テーマパーク併設SC ライフスタイルセンター
無店舗	ペドラー（行商）	メイルオーダー 総合カタログ		カタログハウス	専門カタログ			eコマース

定した小規模の小売店以外は存在できなかったであろう。小売店というのは家業であり、日々の糧を得るためにだけ存在していたのである。これは今で言う業種型の小売業である。

ただ、業態型の小売店がまるでそれ以前には存在していなかったということもない。ある一部の顧客を対象とする業態で言えば専門店というものはあっただろうし、日本では江戸時代の1673年に呉服店の越後屋が日本橋において現金定価販売を行うとかの革新を行い、それ以外にも今の百貨店のもととなる比較的大規模な呉服店というものは存在していた。しかし、こうしたものが今で言う業態店となるのはその後、しばらくたたねばならない。百貨店の始まりは19世紀半ばのパリに求められるというがこれがただちに業態店を連鎖的に生み出し流通革命なるものを実現したというわけではない。その胎動の初期現象といえるのかもしれない。そういう社会変革が起ころうとしていたのである。

大量生産体制と大量消費体制が社会的に出現してきた場合、大量販売・大量流通（マス・セール、マス・ディストリビューション）がそれには必要だろう。それに対応するのが量販を行う小売業である。当然、広域に大量の商品販売を行う業態型の小売業の登場が必要となるのである。この社会的要請に乗って業態は生まれてきた。ここから小売革新、いわゆる流通革命が進展するのである。新たに登場し始めた業態型の小売業、小売企業が流通革命を進めていったとも言えよう。

そのもっとも華々しい展開がアメリカにおいて起こる。19世紀後半には新しい企業型の小売業がぽつぽつと登場し始めた。それが本格化するのが20世紀に入ってからである。そして、1930年以後、世界大恐慌の時期において一気に大きな波となっていく。スーパーマーケットの登場はその代表的なものである。

このアメリカの動きがヨーロッパ、特にイギリス、ドイツ、フランスなどの西ヨーロッパ諸国において進み、日本では第二次大戦後の20世紀後半から起こり始める。いずれも大衆消費社会ができ上がった、あるいはできあがりつつある国においてである。

そして、20世紀後半から東アジアの発展途上国の経済発展に歩を合わせてこれらの国に業態型の小売業が続々と登場し始めている。

3　業態の特徴

業態型の小売業は次のような特徴を持っている。

＊扱い商品にとらわれず消費のある部分においての特質に対して専門的に対応しようというものである（初期においてはもともとの業種店が業態化するために一見してある種の商品分野の小売店のようであるが次第に扱い商品はスクランブル化する）。

＊量販（同一分野の商品の大量販売）を行おうとするものであり、必然的に大規模化を希求し、広域に販売するためと仕入費用等の低減のために多店舗展開を行う（チェーン展開が一般的であり、そのために企業自体のストア・ブランドの普及を図っていく）。

＊業態間競争に対応するために企業及び店舗の特徴を出すべく差別化を行い、自らの存在を誇示する種々の方策を講じる。合わせてより広い商圏に対して出店を図る。同時に外国市場への展開を図ろうとする。

＊店舗としてと同時にその店舗を運営する企業としても発展を図ろうとする。そのためにひとつの企業が複数の業態を保有するケースが多い。

かくして業態はこの約100年、登場し、発展し、分化し、多様

化し、広域化し、流通革命を押し進めてきた。このことを「流通のダイナミズム」とか「流通の進化」としてとらえることがある。あるいは興味本位として「流通三国志」としてみることもできる。

しかし、一人の町歩きとか買い物が好きなものにとってはこの業態の展開とか盛衰というのは実におもしろい。「あれ、こんな店ができたのか」とか「話題のあの店はこうだったのか」とか「こういう店は初めて見るなあ」とか「昔、よく見ることができたが近ごろはさっぱり目につかない」とか興味津々である。

この業態の発展の系統をまとめておく。まず、何と言っても業態の大きな流れはアメリカにとる必要がある。ヨーロッパや日本だけでなく、新興経済発展の国にとっても業態のモデルはアメリカである。そして、それは世界中に伝播していった。

人類の発生はアフリカだと言われる。そこから世界中に放散していった。そして、気候や地形などの住む場所によっての自然条件の中で適応し、変化していった。当然、そこでは文化が生まれ、生活スタイルはその文化に応じて作り上げられていく。消費も生活スタイルの大きな部分である。

したがって、人類というのはたったひとつの種でありながら世界中で見た目も行動様式もまったく異なってきた。当然、それに対応する小売業態もオリジンはアメリカであったとしてもまったく同じものとはならない。小売業というのは地域性のきわめて強いものである。また、アメリカには存在しないものも生まれてくるし、ルーツは同じでもまったく異なるものとなることもある。

こういう発展の系統を図で示してみたい。アメリカについては雑に大きな流れとして示して見る。次に日本の場合を矢作敏行氏が作った図を借用してみたい。この矢作氏の図は「現代流通」に

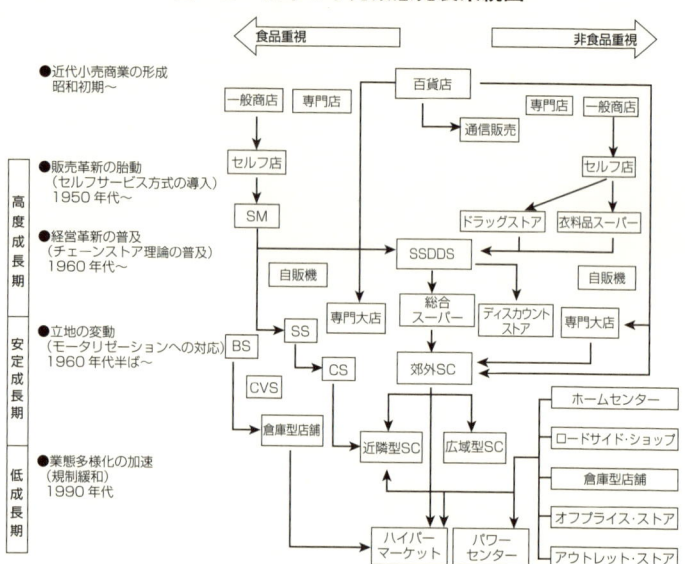

図－2　日本の小売業態発展系統図

〈食品重視　　　　　非食品重視〉

● 近代小売商業の形成
　昭和初期～

●販売革新の胎動
　（セルフサービス方式の導入）
　1950年代～
（高度成長期）

●経営革新の普及
　（チェーンストア理論の普及）
　1960年代～

●立地の変動
　（モータリゼーションへの対応）
　1960年代半ば～
（安定成長期）

●業態多様化の加速
　（規制緩和）
　1990年代
（低成長期）

［一般商店］［専門店］［百貨店］［専門店］［一般商店］
［通信販売］
［セルフ店］　［セルフ店］
［SM］　　［ドラッグストア］［衣料品スーパー］
［SSDDS］
［自販機］　　　　　　　　　　　［自販機］
［専門大店］［総合スーパー］［ディスカウントストア］［専門大店］
［BS］［SS］　［郊外SC］
［CVS］［CS］
［倉庫型店舗］
［近隣型SC］［広域型SC］
［ハイパーマーケット］［パワーセンター］
［ホームセンター］
［ロードサイド・ショップ］
［倉庫型店舗］
［オフプライス・ストア］
［アウトレット・ストア］

注：SM：スーパーマーケット、SSDDS：セルフサービス・ディスカウント・デパートメントストア、SS：スーパーストア（大型スーパーマーケット）、CS：コンビネーション・ストア（スーパーマーケットとドラッグストア、衣料品スーパー等との複合店舗）、SC：ショッピング・センター、BS：ボックス・ストア（小型食品安売店）、CVS：コンビニエンス・ストア。
出所：矢作敏行『現代流通』による。

出ていたものであるが出所は書いてないので矢作氏が作ったものである。現代流通は1996年が初版である。しかし、「マテリアル流通と商業」に同じ図が出ている。これも矢作氏の担当のところであり、初版は1994年である。これ以前は見つからないのでここで矢作氏が作ったものと思われる。したがって、「100円ショップ」だとか「SPA」だとか「アウトレットモール」だとかは出てこない。これ以後の登場だからである。それだけ変化は激しいということが言える。「スーパーセンター」も出てこないがこれは一業態として位置づけられていないからであろう。あるいは「ハ

イパーマーケット」に含まれるのかもしれない。
　こうした系統図を頭においてそれを発展系として見ていこうと思う。

流通機構と業態

1　流通機構というもの

　流通機構という言葉はほとんどの人が知っているがその意味とか内容を知っている人は少ない。芸能タレントだのスポーツ選手だった人（だけではないが）が選挙に出た場合にその公約に「流通機構の改善」を上げたりする。「日本は物価が高い。物価が高いのは流通に問題があるからだ」ということらしい。「では、どこに問題があるのか」ということになるとそれはわかっていない。「どっかに問題があるはずだ。そこを改善しよう」ということになる。

　もっとも、最近は「スポーツ芸能の振興と文化への寄与」がナントカのひとつ覚えだったこういう連中に追い風が吹いて「地方のお年寄りのような買い物に不自由をしている人のために買い物場所を確保したい」というモータリゼーションとトランスポーテーション・プアとかショッピング・プアのことを言い出せば良いから少しは具体的政策のようになる。こうしてよくわからない流通機構が社会問題として取り上げられることは多い。

　ただ、あまりに短絡的に理解して行政が何かをするとか法律改正でどうにかなると考えるのは苦しい。なぜなら、流通機構というのは長い歴史の中で自然発生的にでき上がってきた社会的システムであり、誰かが意図的に作ったというものではないからであ

る。そもそも、流通機構というのは生産から消費に至る過程をつかさどる社会的システムの構造を言うものである。ここで言う生産とは工業製品では製造、農産物では栽培や採取、水産物は漁獲・養殖、鉱産物は採掘、ということになる。これらをすべて含んだものが生産であり、消費とは最終的使用である。消費者が自分の生活のために購入するのは消費であると同時に工場やお店やオフィスや役所とか学校などが自分の仕事のために必要とする原材料や機械や備品や消耗品や事務用品を購入して使うのも消費である。

　ただし、商業者が再販売（買ってきたものを売ってその差額を収入にすること）のために仕入れることは消費とは言わない。生産と消費の間には懸隔（距離、隔たり、ギャップ）が存在している。われわれは主に時間的懸隔、場所的懸隔、社会的（人格的）懸隔を上げる。これ以外に価値的懸隔とか情報的懸隔を上げる場合もあるが普通は三つである。このうち、生産と消費の間に時間的距離と場所的距離があるということは誰にもわかる。

　われわれは秋に取り入れられたお米をご飯として春にも夏にも食べている。アフリカ沖で獲れたマグロを日本で食べている。しかし、このうち、わかりづらいのは社会的懸隔である。これは生産する人と消費する人が違うということを意味する。かくしてこの生産と消費の間には取引や輸送などの活動が入って来ることとなる。その活動の大部分は専門家が行う。取引は卸売業とか小売業が行い、輸送は運輸業、保管は倉庫業が、宣伝は広告代理店とかメディアが主として行う。必要となる金融は金融業や保険業が行う。

　こうして考えてみると流通に関係するものはすさまじく多い。あらゆる産業や企業が何らかの形で流通に関係している。このこ

とが流通をわかりづらくしている理由である。ただ、一般的に流通機構と言った場合、生産と消費の間にいて取引を介在する卸売業と小売業だけを取り上げ、その構造を言うようである。

では、なぜ物理的に流通を行う輸送や保管を担当するものをはずすのかという理由はわからない。これらは物流機構（運輸機構）として別に取り上げられるのが普通である。また、消費と言った場合は有形財だけを言うものではない。サービスだって消費される。ではどうして流通機構を言う場合、美容院だのホテルだの娯楽施設だのは入ってこないのか。これはひとつにサービスの定義がはっきりしないのとサービスはそれを生産するものと消費するものが同時に同一場所で生産と消費を行うからである。

したがって、仲介するものがいないからであろう（チケットピアやJTBは仲介者ではないのか）。多分であるが流通に関係するものはきわめて多いためにそのすべてを入れてしまうとゴチャゴチャになるからではないかとひそかに思っている。流通のうちの取引に関する部分だけを取り出し物的財に限ってそれを言うようにしないと明快なことが言えないからである。それでも明快とはとても言えないが。

かくして、流通機構という場合、問屋とも言われる卸売業（実は問屋と卸売業は厳密に言うと異なる。卸売業の方が広い概念である）と小売業を取り上げるのである。その卸売構造と小売構造を総称して流通機構という。ただ、われわれにとって卸売業というのは目に触れる部分も少なくよくわからないところが多いために普通に流通機構というと小売構造を言うようである。これははっきりと目に見えるし、その変化も実体験として理解できる。

断っておくが流通研究者の世界では流通機構において卸売構造を問題とすることが多いし、卸売業、卸売機構の研究者も多い。

第一、卸売総販売高は小売総販売高の３倍以上になるし、生産財や中間財の流通においては小売業は介在しないが卸売業は介在している。しかし、小売業の動きの方がわれわれにはわかりやすく、生活に直接関連しているためにこの方が気になるのである。

2　小売機構のこと

　現在、日本には小売業が大体110万店存在している（自動車・ガソリン小売業を除く）。この110万店のうち、約９割が個人経営の町にある一般店というものであり、その半分以上が食品だの雑貨などを売る日用に供するもののお店である。いわゆるスーパーだの百貨店だのディスカウント・ストアだのコンビニエンス・ストアだの高級専門店だの有名店、大型店は切り方は難しいが１割程度だと思われる。ただし、販売額で言うとこうした有名店・大型店が半分近くを占めるようになっている。しかし、小売店というとその数では町中の零細店が圧倒的である。

　このように膨大な数となったのは戦後の経済成長を経てのことである。戦後の昭和20年代には小売店の数は極端に少ない。110万店の半分にも満たないはずである。本当にそうだろうか。私たちの子供のころ、つまり昭和20年代を考えてみればよい。このころ、わが家ではお店に行って毎日の生活に必要なものを買ってくるということはほとんどなかった。野菜や魚は籠に入れて背負ったり、天秤棒で担いだりして売る側の人が家までやって来てくれたようである。ご用聞きが来て注文を取っていく、朝には納豆売りやシジミ売りがやって来る。ほとんどの食品や雑貨は売る側が買う方に寄ってくることで成り立っていた。

　だから、お店に行って買うということはほとんどない。ただ、子供であった私は文房具だの駄菓子だの釣具だのをお店に買いに

行った覚えはある。だから、お店というものがまったくなかったというわけではないのだがそれは私が町中に住んでいたからである。農村や漁村などいわゆる地方ではお店というものはほとんどなかった。あっても特殊なものかよろず屋のようなものだけだったろう。町でも地方でも時には買い物に連れていってもらっていた。中心地へ出かけて小さな商店街や百貨店らしきところで何かを買ってもらい、食事をした。親の方は必要なものをいくらか買ったのだろう。

　こういう形が常態だった。今でもテレビで世界の紀行番組をよく放映している。アフリカの砂漠の集落とか南米のジャングルの部族だとか中央アジアの遊牧民などである。こういうところは一種の社会を構成していながらそこにはお店というものが存在しない。必要がないからである。けものや魚を自ら採り、小さな畑を作り、燃料は枯れ木や動物の糞を拾ってきてそれを使う。家も自分たちで作り、着るものも自分たちで縫う。自給自足の経済である。そこにはお店というものの入る余地はない。

　ただ、時に市がたつ場所へ出かけて自分たちの作ったものを売り、現金収入を得て、必要最低限のものを買ってくる。こういう形が人類の基本形だったはずである。しかし、自給自足経済から物々交換、更には何か特殊なものそして貨幣を媒介とする交換経済も有史以前の早い時期から生まれていたはずである。

　だからといってそこにお店というものがすぐに登場するわけではなかった。消費するものに対して物を売るという行為は本来が売る側が買う側に売りに行くというのが基本ではなかったのか。お店などというものを持たず、商品を直に持って売りに行くのである。つまり、行商というものである。

　行商こそ、小売りの原点であり、長い人類の歴史の中で主流を

占めていたはずである。店舗というものが小売形態の本流になっていくというのはつい最近のことだったろう。あれだけ繁栄を極めた徳川時代の江戸の町であるがここに住む約50万人の町民たちは長屋というところに住み、共同井戸、共同トイレの生活を送っていた。ではこれらの人たちは日用の必要なものをお店に買いに行ったのだろうか。

　時代考証がしっかりしているといわれる時代劇を見ても人々が魚や野菜や雑貨をお店に買いに行くという姿を見ることはあまりない。それは魚であっても野菜であっても煮物であっても「振売り」（正しくは「触れ売り」だろう）といわれる行商人が長屋に毎日やって来てそこから買うのである。大身の武家屋敷であってもお女中連が籠を持って買い物に行くということはない。これは出入りの業者がいて必要なものを納めに来るのである。お店はそれほど必要ない。そういう生活だったはずである。

　日本橋などに大店が軒を並べていたではないか、といわれるがあれは基本的に問屋であって小売店ではない。もちろん、お店がなかったというわけではない。よく、時代劇でも絵草子や浮世絵のお店に人だかりがしているところが出てくる。これは小売店であろう。呉服などのお店もあり、小売りを行うものもあった。もちろん、ある程度は食料品店もあったと思われるが。

　お店がなかったわけではない。いわゆる現代の小売店の大部分である最寄品小売業というものはごく少ない数しか存在していなかった。それは無店舗の小売業によるものだったからであろう。現代でも富山の薬売りだの野菜のかつぎ屋さんだの朝市のような無店舗による小売形態は多い。通信販売、訪問販売は多いし、インターネット販売も増えてきているが。

3 業態型小売業の誕生

　私は27歳の時に流通経済を研究する研究所に入所したがそこのリーダーは田島義博先生という方であった。田島先生は研究所の創立者であり、その代表であったが学習院大学の先生でもあった。一昨年、学習院の院長をされている時に亡くなられた。この田島先生にいろいろ教わったがそのうち初期のころのきわめて印象に残っている言葉がある。それは「ペドラー」あるいは「ヤンキー・ペドラー」というものであった。

　これは19世紀にアメリカの全土を回ってものを売って歩く商売人である。当時、私はアメリカのオールド・フォーク・ソングに凝っていた。このフォーク・ソングの歌詞の中に「ジプシー・ローバー」というのがよく出てくる。放浪の旅人ということであろうがそのローバーには何種もの別がある。西部劇の主役になるのがギャンブラーとガンマンであるが本当に多かったのは商人と旅芸人であったろう。商人が圧倒的に多い。ジョン・フォードの名作「駅馬車」でもその乗客の中に商人が入っている。19世紀のアメリカの流通においては開拓地や交通の要衝などの地方の場合、このペドラーとメイル・オーダー（通信販売）が大きな地位を占めていた。これらはいずれもお店を持たない小売業である。

　したがって、小売店舗というものが小売りの主役となるのはそう古い話ではない。せいぜい200～300年の歴史に過ぎないだろう。それも町中においてである。常設の建物を持つ店舗らしきものはたかだか1000年くらいの歴史でしかない。もちろん、初めての店舗がいつ生まれたかと聞かれてもそれはわからないがそれでも１万年も前ではないだろう。人類の歴史は500万年とも700万年ともいわれるからまったく最近の小売形態だと言ってよい。

さて、話をもとに戻して日本の戦後である昭和20年代だが小売店の数は今に比べて極端に少ない。では小売業はそれほどなかったのかというと案外、人口対比で言うと現在とそう大きく違っていなかったのではないか。その理由は多くのものを行商が担当していたことともう一つは戦後の荒廃の中で闇市とか焼け跡などというところがあり、そこに仮設店とか露店とかといわれるものがたくさんあったからであろう。

復員とか引き揚げをしてきた人たちが仕事がない場合、こういう小売行為らしきものを行い生活費を稼ごうとする。そう言えば、文化大革命以後の経済の不振の中で中国では学校を出ても仕事がないという状態が続いた。その時に「待業（青年）」などという言葉が生まれた。さすがに漢字の本場だけに失業などという身もふたもない言葉は使わない。仕事を待っている状態というわけである。この待業青年や待業者が行ったのは公園や観光地や大通りでの露天商売だった。

こうした小売行為というのは以前から労働需給の調節弁だと言われていた。だから、戦後の昭和20年代というのは「今日のために商売をする」という小売業がたくさんあったのだろう。現在、小売業というのは無店舗小売業も含めて商業統計という公的な全数調査（以前は悉皆調査といった）が行われているが当時はこの調査も不備だろうし、たとえそうでなくともたった一人で行う無店舗小売行為を把握することは無理だったろう。

だから明確に言うことは難しいが戦後の高度成長を経て小売業、特に店舗小売業は飛躍的に増え、その中から革新的小売業とも言える業態型の小売店が生まれて現在に至るのである。これを称して流通革命と言ったりする。流通革命は業態型の小売業の誕生から始まるが日本の場合は戦後の昭和20年代末からであろう。

4　二足歩行

　小売りという交換行為の歴史の中で店舗を持ち、売る側が買う側の来店を待つということが生まれたというのは画期的なことであり、それを人類の進化の歴史を通して見てみるとこういうことになるのではなかろうか。

　人類の歴史の始まりをどこに取るのかということは難しいが脊椎動物の中の哺乳類における「ヒト科」の動物の誕生がその始まりかもしれない。これが約7000万年前である。ヒト科というのはいわゆる猿である。その中から類人猿と言われものが生まれたのが約3000万年前であり、その類人猿の中で木から下りて不完全ながらも二足歩行を始めたのが約700万年前である。まず、この7000万年前、3000万年前、700万年前と三つの時期を設定してみる。これに対して人類の社会において交換行為が制度的に生まれたのが7000年前に、小売行為において店舗が生まれたのが3000年前に当たるとする。このあたり異論もあるだろうし、私自体もいい加減だと思うが案外近いところかもしれない。

　7000年前というなら世界四大文明以前だが文明は生まれていたというから交換経済が行為としてだけでなく社会的システムとして存在していたと考えてよいだろう。3000年前というなら完全にナイル河、チグリス・ユーフラテス河、インダス河、黄河（長江も入れるか）のデルタ地帯に文明が生まれ、発展した時代である。この文明を生み、支えたのが三角洲の河川輸送だったはずである。大量の物資輸送、交易というものが巨大文明を生んだ。そうとするならきちんとした店舗の誕生もこのあたりを考えておく必要がある。

　次にこじつける必要があるのが700万年に対応した700年前であ

る。これは難しい。700年前というのはおよそ日本で言うなら鎌倉・室町の時代である。中国なら明の時代である。西洋で言うならルネッサンスが始まったころではないか。つまり、この時代というのは中世が終わり、近世に移るころなのである。流通論で言うなら現在の流通体系の基礎ができたのが中世から近世に移るころなのである。日本の商業体系だけでなく生活様式の基本ができたのがこの時代であり、中国で今の中華料理のベースとなるものが定着したのがこの時代だと言われる。

現在の直接の先祖である人類の誕生は700万年前だというがそれは森に住んでいたわれわれの先祖が木から降り、森を離れ二足歩行を始めた時期だといわれるが当初は極めて幼稚な形であったろう。私たち共通の先祖だという「ルーシー」なる女性の猿人はこの頃か。本当のかつ完全な直立二足歩行は200～300万年前だったのではないか。大体、私が小学生だったころには人類の誕生は300万年前だと教わった。それがいつの間にか500万年前になり、現在では700万年前だという。つまり、それは化石の発見によるものである。アフリカだというのは確からしいがどこかで新しい化石が見つかると1000万年前になるかもしれない。

そうであるなら2～300万年前というのはあながちでたらめとも言えないだろう。人類が今のホモ・サピエンスになったのは二足歩行によるとしたらこれに対応するのが業態の誕生であろう。業態の誕生は19世紀の半ばと考えるとそれは200年近く前となる。進化論としてのヒトの進化と流通論としての流通革命はこうして対比できることとなる。二足歩行が大きな転換点であり、業態の誕生も同じである。業態の誕生が今の小売業界の状況を生み出したといえるがそれを単純に（良い方向への）進化と言ってしまうのは単純過ぎるかもしれない。

エルネスト・ヘッケルという生物学者がいる。1834年にドイツで生まれた。彼はダーウィンの支持者であったが無生物から生物への進化を連続的移行だとし、「系統発生」という反復説を唱えた。それは動物の器官の退化や痕跡を研究する学問につながっていく。人類は二足歩行を始めたことによって脳の発達を促進した。同時に手が自由になることから手の使用がそれ以前の動物とは大きく異なってきた。これはどっちが先かわからない。いずれにせよ、俗論的には二足歩行を行ったことが人間だけが優れた存在になったということに結びつく。ただし、これは人間勝手の意見である。アリやハチのような社会構造を持つ生物の方が優れているという説を唱える人もいる。何をもって優れているかははっきりしない。

　ホモサピエンスが絶滅するであろう近未来、世界をわが物にするのは哺乳類ではネズミの仲間、全体では昆虫だといわれるが。いずれにせよ、二足歩行を行うことによって人類では多くの器官が使われなくなり、痕跡を残すだけとか形を変えてしまった。簡単に言うと感覚器官というものは人間のみ極端にすべてが弱体化している。視覚、嗅覚、聴覚などである。

　このことが人間に妙な弱点を生んだ。わかりやすい例で言うと胃下垂と痔疾というのは人間だけの病気だという。縦に立ち上がったからである。盲腸、親知らずなどいったいどういうことだろうか。このあたりの詳しいことは犬塚則久著「『退化』の進化学」という本に書いてあっておもしろいが犬塚氏は人類の退化要因のひとつとして体から毛がなくなり、局部にのみ残っていることについて三つの説があるということを言っている。

　その第一は森林からサバンナに出たことによって体温調節のために汗をかく体から毛をなくし、日差しを防ぐために頭だけに残

したというサバンナ説（他のところの毛はどうなる。禿げるのはどうだ）、第二は類人猿でも幼児だけは毛が薄いから人類は幼児の形質を残したまま性成熟をしたというネオテニー説（なぜ、人間だけ直ちに性成熟したのか）、第三はかつて人類は水生生活をしていたので毛がなくなり、頭だけ水面に出していたので残ったという水生説、だという。すべてまともな生物学者たちが言っていたことなのでまあ、こういうことは言ったもの勝ちということだろうか。言いたい放題でもある。

中には腋毛と陰毛については幼児がお乳を飲む時に手で腋毛をつかみ、足で陰毛をつかんだ名残だということを言う人もいたそうだがこれもまじめな学者の言うことである。ということは何を言ってもよいということだろう。業態は人類の二足歩行に当たると言ったわけだが、こういう考え方に基づくならそこにはかつての何かが残っており、同時にそれによって不具合が生まれているはずだ、ということも言えよう。

つまり、業態型小売店の弱点というものがあるはずだということである。それは今後のわれわれの研究に待たねばならないがいくつか上げるなら店舗の規模と商圏の設定、顧客への情報提供の手段、価格設定の方法、消費者の嗜好変化への対応の時間と準備、異業態との競争、など既存の小売業（業態化していない小売業）なら当然、それに対応できたことができなくなっているということではなかろうか。

この150年あるいは200年を見ると業態ごとの盛衰が非常にはっきりと見える。ここから別に述べる「弁証法にもとづく説」や「交互説」や「ライフサイクル論」が生まれてくる所以となる。業態というのは環境変化に対してもろい存在なのかもしれない。

見たことのない小売業

1　分類をしてみると

　普通、流通の世界では小売業について「業種とは何を売っているかで小売業を分類したもの、業態とは誰にどのように売るかで小売業を分類したもの」となっている。業種の小売業とはパン屋、八百屋、呉服屋、自転車屋、洋品店、医薬品店、化粧品店、といったように「屋」や「店」がつくものであり、ある種の商品を売っていると感じられるのでこういう呼び方になり、それに対してスーパーマーケット、コンビニエンス・ストア、バラエティー・ストア、ディスカウント・ストア、ゼネラル・マーチャンダイズ・ストア、ドラッグ・ストアなどを業態とする。

　業態小売業の場合はおおむね、日本語訳はなく、ほとんどが英語名で呼ばれる。百貨店は例外である。百貨店が登場した明治末期のころにはまだ、英語で小売店を呼ぶ習慣がない時代だったからだろう。

　こういう英語で呼ばれる小売業は大体、戦後にアメリカに範をとって登場している。流通革命の中で次々とうまれてきたから日本語にする暇がなかったろうし、英語をそのまま使う習慣も生まれてきていた。それよりも業態は売り方を言うわけだから日本語に訳せなかったのだろう。

　こうした業態が小売業の世界に登場したのは近代になって社会

経済体制に大きな変化が起こったからである。それが大衆消費社会の到来である。それまでは一部の富裕層と大部分の貧困層が社会を作っており、中間層というのはごく少なかった。中間層が生まれて来たのは民主化の進展、産業革命、社会情報の循環などがその理由であり、それによって大量消費体制が整い、大量生産が始まり、大量流通の必要性が生まれてきたからであろう。つまり、マス・プロダクション、マス・ディストリビューション、マス・セール、マス・コンサンプションといった『マス』の時代の到来である。

　このマスに対応するのが業態だった。マスがなければ業態も生まれない。業態の小売業は基本的に量販をベースにしているものだからである。ただ、業種と業態はまったく異なるものではなく、分類の軸と言えるし、次元の異なる概念の言葉なのかもしれない。

　あるアメリカの雑誌を読んでいたらスーパーマーケットについてこういう書き方がしてあった。

　　業態としてはスーパーマーケット
　　業種で言えばグローサリー・ストア（食料品店）
　　売り方で分けるとセルフサービス・ストア
　　経営形態ではチェーン・ストア

　こういう視点で言うなら業種も業態も分類の方法に過ぎない。しかし、業種で小売業を分類するとすべての小売業がどこかに分類される。ところが業態で分類しようとすると日本の場合、9割近い小売業が業態名なしになる。「一般小売店」とか「中小小売店」とかになるのだろうがそれは業態ではない。

　業態の小売店というのはある環境条件下である経営条件のもとに生まれてきたものだと言える。

では、なぜ、ある環境条件下で次々と新しい業態が生まれたのであろうか。市場に適合し、発展して、進化したのだと言えようが、それではどうして適合する業態が生まれ、それが進化し、分化していき、また、新しい業態が登場するのはどういうように説明できるのだろうか。このあたりがよくわからない。「そういう環境条件から生まれた」では答になっていない。

2　業態の誕生と進化

　「どうして新しい業態が生まれるのか」や「どうしてそれは進化、分化していくのか」は考えれば考えるほど、よくわからない。このあたり、私だけでなく多くの学者たちにとっても疑問だったようだ。多くの学者がいろいろな説を出している。私も自分の教科書で1章を割いて『小売業の発生と分化』を書いている。そこではそれに関するいろいろな説を6つにまとめてみた。次のものである。
（1）進化論的な考え方
（2）反作用的な考え方
（3）ライフサイクル論的な考え方
（4）真空地帯論的な考え方
（5）「差別による流動」的な考え方
（6）「小売の輪」的な考え方

　しかし、自分の考え方がはっきりしないで単に他人の説をまとめただけだから次元が異なるものが混在するし、分け方もいい加減である。自分の意見が明確でないうちに他人の多くの説を勉強して、まとめようとしても話が無茶苦茶になるだけである。

　これについては矢作敏行氏も著書『現代流通』の中で「小売業態発展論——流通ダイナミズムのゆくえ——」として書いている

がこの方が私のまとめより明快である。個人の資質によるのだろうが視点がはっきりしている。矢作氏は次の三つに大きく分類している。「環境理論」「循環理論」「衝突理論」である。以下、矢作氏の説明に基づく。

　環境理論は小売業態のダイナミズムを「環境を映し出す鏡」と見るのである。ここで言う環境は単に消費だけでなく、科学技術や競争状態とか労働市場や情報手段なども含む。環境理論は「進化論的発想から刺激を受けた」と言い、「適者生存説が1例である」とする。しかし、環境理論は「小売形態の一般的な発展可能性を示すにとどまる」とも言う。

　循環理論は「小売形態の変化が同じパターンをくり返す」という考え方である。「小売の輪論」や「真空地帯論」や「ライフサイクル論」はここに含まれる。小売りの「アコーディオン論」とか「小売分極化論」というのもここに含まれる。つまり、同じ形でくり返し、同じような変化が起こるというのである。

　衝突理論は「衝突から危機が発生し、危機への反応から新しい小売形態が生まれる」という考え方である。「弁証法的発展論」とか「対抗力論」などがある。こうした理論はそれぞれ納得できる部分もあり、納得できない部分もある。矢作氏はこれらの理論の統合が必要だとしているがそれは今のところ課題であるに過ぎない。

　どうしてこれらの理論について納得できる部分とそうでない部分があるのだろうか。それは以下のように考えられる。
（1）新しい小売形態が生まれる（なぜ、生まれたのか）。
（2）それが環境に適合していた場合、生きのび、更に環境に適合して発展し、進化し、新しい業態を生む（どのように適合していったか）

（3）その業態は衰退し、消えていくか、細々と生きのびるか、形を変えて他の業態になっていくかする（なぜ、衰退するのか、形を変えるとしたらどういう動きによってそうなるか）

しかし、この三つのことを統合して説明できる理論をうち出すのは至難の業である。矢作氏が言うように「環境理論は小売形態の一般的発展可能性を示すに」とどまり、「小売形態の発展の法則性」には不十分である、と考えられるし、循環理論は一部の事象には適用できるが実際にはそうでない場合も列挙でき、これも不十分である。衝突理論はそういうことはあるだろうと思われるが実際にそれを証明することは難しい。

そこで多くの学者や研究者はあまり個々の部分にとらわれていたら自分の研究が先に進まないので単純に進化論的な考え方を採用してしまう。環境適応で逃げてしまうのである。それもダーウィン流の進化論である。つまり、適者生存であり、自然淘汰である。ダーウィンがガラパゴス島で見たフィンチやゾウガメが島ごとの自然環境に適合し、形を変えていくのを知り、自然環境が動物の形態を変えさせていき、それが新しい種を生むというあの進化論である。

しかし、この考え方は本当に進化論というものに基づいたものなのだろうか。単に「ダーウィン流の進化論の表層的部分」をなぞっただけではなかろうか。というわけで私はこの問題についてはもっともっと立ち入ってみないといけないと考えた。進化論を少々、勉強してみるならもう少し物事がわかってくるのではないかと考えたのである。

3 総合進化説のこと

総合進化説というものの育ての親はジョージ・シンプソンとい

うアメリカの古生物学者である。シンプソンは1926年、エール大学で中世代の哺乳類に関する論文によって学位をとった。初期哺乳類の研究が中心であるが北アメリカだけでなくモンゴルやパタゴニアなどにも発掘調査に行っている。第二次大戦後は自然史博物館の古生物部の主任とコロンビア大学教授を兼任し、後にハーバード大学比較動物学博物館古生物教授となり、1969年からアリゾナ大学教授となり、1984年に亡くなっている。

　総合進化説というのは誰からともなく言われ出したらしいがそれを完成させたのがシンプソンだというのである。そもそも、進化については自然淘汰だの突然変異だの交雑だの集団遺伝だのいろいろな要素が入り交じって語られてきた。多くの説が出されていたのである。それらを総合化して総合進化説が生まれるのである。これは矢作氏が書いていた多くの小売形態のダイナミズムの理論の統合化の必要性と同じことである。なぜならひとつの説が明快であればあるほど、それは部分を語るに過ぎずそれに適応しないことがたくさん生れてくるからである。シンプソンは進化を三つの種類に分けて考えた。それは次のものである。

（1）どのように種が発生するか―――種分化
（2）その発生した種が時間経過の中でどのように進化していったのか―――系統進化
（3）両生類から爬虫類が生れ、更に哺乳類や鳥類が生れてくるという大きな変化はどういうことか―――大進化

　これは小進化、中進化、大進化というように言うこともできるだろう。そして、小売業における業態についても適用できる。まったく新しい業態、たとえばスーパーマーケットの誕生が小進化、つまり種分化である。そのスーパーマーケットがどういうように発展し、分化していき、多様化していくのかが中進化、つま

り系統進化である。そして、その結果、まったく新しいこれまでにない業態群を生んでくるというのが大進化なのである。

驚いたことにこの総合進化説ではこの三つの進化についてすべてが突然変異と自然淘汰によって起きたのだというのである。ある生物の集団において変異が起こり、新しい種が誕生する。それは自然淘汰によって生き残るものは生き残り、更に自然淘汰を経て定着をし、これをくり返すことによって新しい種が誕生する（小進化）。そして長い年月を重ねてこの系統の中で進化していく（中進化）。そして、ついにはまったく別の種に変わっていく（大進化）というわけである。

たとえば、われわれと多くのサルの共通の先祖からたまたま、木から降りて二本足歩行をするものが生まれた。それらは何百万年もかけて次第に進化し、霊長類の中のひとつの種となった。そこからついにはホモサピエンスという種を生んだ。これがもしかしたら遠い将来、新しい種を作り出すかもしれない。これは、小進化、中進化、大進化というのとは違うかもしれない。でも、考え方としてはおもしろい。

小売業態の場合と同じではないか。そして、すべての場合にそれを引き起こすのは変異なのである。きわめて簡単な話ではないのか。この説を受け入れるなら残る問題は「なぜ、（突然）変異は起こるのか」ということだけである。

小売業態の誕生や進化についてこの考え方には納得するかもしれない。新たに生まれた業態が定着し、進化していくのも分化するのも自然（環境）適合であるということはごく自然に受け入れられるだろう。ただ、意見が分かれのは何がその変化（変異）の起因になるかということである。

これを問うなら多くの人は「革新である」と答えるだろう。革

新は小売業態経営の技術革新である。テクノロジカル・ブレークスルーというわけである。革新を行った新しい業態が登場し、それが環境に適合すれば定着する。さらに変化する環境に適合しつつ進化し、ついには別の業態となると言うわけである。

　では、ここで言う革新とはどういうものなのだろうか。「それはその時その時で異なるはずだ」というのは理論としてもうひとつである。「小売の輪論」ではそれを従来の小売業に比してより安い粗利益率で経営できることだと言った。それはひとつの考え方であろうがそうでない新しい業態も存在する。何かヒントになるものはないだろうか。

4	進化の設計

　ここに一冊の本がある。佐貫亦男という人の『進化の設計』という本である。佐貫氏は1908年生まれ、東大工学部を出た航空宇宙機器学が専門だった人である。佐貫氏はこう言う。「動物は、なぜこんな形をしているのか。考えてみると、これは、極めて難解な問題である」と。佐貫氏がこの本で言っているのは「無理な設計はその種の寿命を短くすると同時にちょっとした環境の変化で絶滅する」ということではなかろうか。

　随所にそういう表現が出てくる。たとえば「造物主が腰を据えて本格的に制作しようとした、高度な設計と工作の産物である。その理由は船と比較してみればわかる。造船所ではまず、竜骨を据え、それに肋骨を添え、外板を張って船体を構成する（魚類の登場）」。「形のよい流線型で、尾もちょうどよい位置にあって効果の大きい面積を持ち、軽快な運動性を与えられている。彼らが生き延びたのは、このために違いない（アンブリプテルスという魚）。

「単に形がよいばかりでなく、揚力（浮揚力）の割りに抗力（空気抵抗）が小さい。したがって、高速が出せるうえ、強力なあごとよく見える目を持っているから、高性能戦闘機みたいなものである（トンボ）」。「さえない作品とは、形が意外性もなく、したがって感動を与えず、さりとて、スケールの大きさで圧倒することもないものを指す（モスコプスという草食性爬虫類）」。「要するに、やたらといろいろな装置をつけたらなんとかなるだろう、というへたな設計の典型であった（ノトサウルスという恐竜）」。

「恐竜は巨大化することが生きる道、と述べた。しかし、それは気候が温暖湿潤化した時世に便乗していわば一気に富を得た成金階級のようなものである。これらの階級は独占資本と化してさらに富を蓄積した。しかし、能力に乏しく、かつ幸運に恵まれることが薄かった爬虫類は、いわば下層階級で、もし寒冷となれば凍えながら日の出を待つだけである（恐竜と爬虫類）」。「その生涯のほとんどを、食うために費やしたといわれる。これではとうてい高度の生活水準が保てない、と予想される。そのとおり、この種の大恐竜で次の白亜期まで生き延びたものは多くない（大重量のブラキオサウルス）」。「これは獲物を捕らえたり食ったりすることは、すべて足と口で行ったためである。いわば、無精な人間がコタツへ入ったときのように、手を出さずに口で食うことを7000万年続けたら、こんなふうになる、という見本である（ティラノサウルス）」。

「気のせいか寂しげに見える。つまり、あまりにも巨大な双角をもてあましているらしい。その予感のとおり、長命ではなく、しかも祖先も子孫も不明である（サイのようなアルシノリテリウム）」。「巨大すぎる防御手段は、自然の設計者の考えすぎで、ど

うもあまり成功していないように思われる（巨大角のエラスモテリウム）」。

これは実におもしろい見方である。動物を工学的に見るとそれがバランスを欠き、不自然な場合、種としては長続きしないか、弱いということになる。工学も自然科学であり、物理学であるから自然を見る目になり得る。では、どうしてそういうものが種として登場したかであるがそれはある場面においてその環境に特化して過剰に適応し過ぎたからである。過剰適応はほんの少々の環境変化で不適応となるはずである。

こういう視点で見るとバランスのとれた業態は成長し、進化し、長続きする。これに対して無理な形である特殊な環境に適応した業態はそれなりに登場し、定着するがちょっとした変化で消えてしまうということだろう。技術革新があまりに特殊な環境対応では業態としての定着は難しく、全体のバランスのとれた業態がよいのである。全体のバランスが取れたという意味は広い市場に受け入れられるということであろうか。

参考

（小売の輪論）

新しい業態はより低い粗利益で経営できるという価格の革新によって生まれ、定着すると次第に必要粗利を高めていく、するとまた、新しくより低い粗利で経営できる小売業態がディスカウンターとして登場する。これを繰り返すことによって次から次へと車の輪が回るように新たな業態が登場してくる。

（真空地帯論）

小売業のサービス・価格の水準において消費者の選好は市場に厚みのある部分と薄い部分を生む。多くの既存小売業は厚みのあ

る市場に集中していくがそうすると薄い部分は真空地帯となり、そこにあらたな小売業態が登場する。それで定着すると今度は厚みのある部分へ移行するためにまた、真空地帯が生まれ、あらたな業態の登場を促す。

(ライフサイクル論)

　種の登場から衰退、消滅までを導入期、成長期、成熟期、衰退期と分けてそのサイクルを言うものである。小売業態にも生物の種と同じようなサイクルがあるという考え方。

(アコーディオン論)

　小売業態の変遷は品揃えの総合化－専門化－総合化－専門化を繰り返すという「総合化・専門化交互論」。

(小売分極化論)

　総合化と分極化がお互いに影響しつつ限りなく並行的に進んでいくという考え方。

(差別化による流動論)

　ある市場にある小売業態が存在していたところに別の業態が登場するとそれとの競争によって既存の業態は差別化をしようとして形を変える。これが繰り返されることによってあらたな業態が生まれてくる。

ヒット商品と業態発生

1　環境適合理論

「ヒット商品の秘密」とか「ヒット商品の作り方」などという本がある。しかし、それらを読んでみると「ヒット商品が生まれる理由」はまず、書いてない、書いてあるのは「ヒット商品が生まれた理由」である。

「生まれる理由」に関する理論は果たして存在するのだろうか。もし、そういうものがあれば企業は困らないだろうし、第一、そんな理論があり、その理論に従ってヒット商品が生まれるのならどのメーカーもそうするだろうからそれではヒット商品など生まれることはない。論理矛盾といわねばならない。

では、どうして「ヒット商品が生まれた理由」の本がいくつも出版されるのであろうか。それはヒット商品が生まれた場合、その理由を探り、その条件を整理するなら次の機会に役立つと考えるからであろう。

しかし、次の機会にそれを参考にしたらよいと言ってもそれはその時の消費傾向も含めた環境条件に適合したからであって、次の機会には環境条件も変わっているだろうからヒットするという保証はない。つまり、ヒット商品がヒットする理由というのは後で振り返ってそのヒットした理由を分析するものであって、これからヒットするものを予測するものではない。ヒット商品になる

ということは予想はできても確定はできない。ヒット商品が出ると後でいろいろ理屈をつけて、企業担当者も理路整然とヒットした理由を述べたりするが事前にはわからない。このことは小売業態についても同じことが言えるのであろう。新しく始めた小売業態が新しいタイプであって、それがうまく行くかどうかは事前にはわからない。日本の場合、戦後に社会体制の転換と経済の成長があって消費はミドル層が中心となり、いわゆる大衆消費社会が到来したためにこれまでにない新しい小売業態が次々と雨後の筍のように生まれてきた。

しかし、それらの多くはアメリカですでに存在していた小売業態をそのまま日本に持ってきたものである。それで登場したものであるがアメリカのものをそのまま日本に持ってきて、日本の市場に適用してもうまく行くはずはない。巧みに日本市場に適合させた形や売り方を変えたものが定着し、成長したと考えられる。環境適合というわけである。では、その小売業態の環境適合の理論というものは存在するのだろうか。これもヒット商品と同じように考えられる。前もってその業態が成功するかどうかはわからず、後でなぜ適応できたのか理屈をつけることはできよう。

2　スーパー第1号

戦後の昭和20年代半ば、朝鮮戦争のおかげで日本経済は復興した。そして、昭和30年代前半、池田内閣の所得倍増計画の中で日本経済は高度経済成長を始め、大きな消費母体が生まれてきた。一方、復員とか引き上げで多くの人たちがアジア各地から日本に帰ってきており、まだ、経済が混乱している状況であるために仕事がない。戦争以前に商売をしていた人だけでなく、そうでない人も何らかの形で商売を始めた。焼け跡や闇市で何かを売るので

ある。そもそも、小売業などの商売は労働需給のバッファーであるといわれる。不景気で仕事がないと失業者は小商いを始める。

　焼け跡の闇市みたいなところにバラックというか簡易店舗というか、中には露店でいろいろなものを売る人がたくさんいた。店があった土地を持つ人も簡易店舗を作って不足している品揃えで何かを売っていた。そうした中から本格的小売業が生まれてくる。朝鮮特需で経済が活発化し、そろそろ、高度経済成長の端っこに来たからである。大阪千日前のダイエーもニチイ（後のマイカル）も、そして北千住駅前のイトーヨーカドー（社名はイトーヨーカ堂、店名はイトーヨーカドーだが以下全てイトーヨーカドーとする）もそうだった。このころから企業家精神を持った人たちがアメリカに興味を持ち始める。アメリカで繁栄している小売業態を日本で始めようというわけである。昭和20年代後半あることが起こり、それが後に学問的議論となる。

　流通革命論がそうだろうがその中での現象としての業態の登場論である。それは「日本初のスーパーマーケット（スーパーマーケットの日本第1号）はどこか」という議論である。これには次の三つの説がある。
（1）昭和28年に東京の青山に開業した（というよりもそれ以前からも青果商をしていたから改築出発と言える）「紀ノ国屋」である。
（2）このころの九州の丸和商店（後の丸和スーパー）である。
（3）このころに全国的な運動となった「主婦の店運動」から生まれた。

　この話については思い出がある。大学の私のゼミにU君という体育会に所属する若者がいた。彼は卒業したら一時、修業をして実家の家業に従事するつもりだった。ところがゼミで勉強して

いるうちに「日本のスーパー1号店はどこか」ということに関して自分の祖父がそこに登場するということに気がついた。驚いた彼は一念発起して自分の祖父が日本で最初のスーパーを作った人だということを証明する研究をしようと考え、大学院に進学した。彼の研究結果は願い通り、彼の祖父のお店が日本におけるスーパー第1号ということになった。それは次の消去法によるものである。

まず、主婦の店であるがこの運動に丸和商店（U君の祖父）が指導に行ったりしている記録がある以上、主婦の店運動が最初ではない。ましてや遅れて主婦の店運動に参加しているダイエーが第1号ということはない。紀ノ国屋については確かに昭和28（1953）年に新店ができ上がっているがこれは近所に多く住むアメリカ人に故郷にあるようなお店で買い物をしてもらおうとして作った生鮮食料品、加工食料品を主に扱うセルフサービスのお店であるから形態的には確かにスーパーマーケットのように見えるが根本的な条件に欠ける。それは「ディスカウンターではない」ということと「チェーン・ストアではない（あるいはそれを希求したものではない）」ということである（実際はその後、紀ノ国屋はチェーン・オペレーションを採用している）。

こういうことから考えるなら時期は特定できないが丸和商店が第1号と言える、というわけである。こうして、その後のいわゆる「流通革命」ということについては別名、「業態革命」といわれるように次から次へと新しい業態が生まれてきて現在に至ることがわかる。

3　流通のダイナミズム

では、その新業態はどのようにして生まれ、どのように発展し

ていき、どのようにして再び他の新業態に変身し、あるいは衰退し、あるいは消えていったかということについては興味がわいてくるのではないか。

確かにこれは興味をそそられるテーマであり、実際多くの流通を研究する学者たちが「小売業態の登場」「小売業態の発展」「小売業態の分化」「小売業態の衰退」といったこと、つまり、「流通のダイナミズム」について研究をし、それを理論化しようとしてきた。多くの理論なり学説が生まれてきたがその中でもっとも支持されたのが「環境理論」である。環境は経済社会から技術や政策、社会資本や文化、競争など多岐にわたって環境要因を取り出してそれとの対比で小売業態の変化、発展を見ていこうというものである。それは環境と業態との関係を「環境適合」としてとらえるのである。矢作敏行氏の言葉を借りれば「環境理論は進化論から刺激を受けた。環境にもっともよく適合した小売業態が生き残り、そうでない形態は死滅するとの適者生存説が一例である」(『現代流通』)。

この理論が刺激を受けたというのはダーウィン流の「環境適合」であり、「自然選択」であろう。では、自然選択はどのように行われるのであろうか。それ以前に業態の誕生は誕生以前にどのような選択が行われたのであろうか。まだ、生じていない業態がいかにして選択されたのだろうか。

もし、自然選択のルールが明らかになるならそのルールが小売業態にも適応できるのだろうか。いや、それ以前に流通のダイナミズムに刺激を与えたという進化論とはどういうものだったのだろうか。進化論といえばダーウィンであるがダーウィンがかの有名な「種の起源」を発表してからすでに150年がたつ。彼が没してからでも120年近くたっている。時代的にダーウィンは新しい

小売業態の誕生にもヒントを得たかもしれない。しかし、多分、ダーウィンはこういう俗っぽいものには興味をもっていなかったろう。

この間、科学、なかんづく生物学は大きく進歩しているはずである。ダーウィンの時代にはなかった遺伝子、DNAの研究も大きく進んでいる。単なる「自然選択」や「適者生存」というだけでなく、そのメカニズムの研究も大きく飛躍しているはずである。ここはひとまず進化論の勉強をしなくてはなるまい。進化論に現在の小売業態をぶつけてみれば案外おもしろい見解が得られるかも知れない。ヒット商品でも生き残った業態でも後追いでよいからその構造におけるダイナミズムが発見できるかもしれない。

もともと、進化論においては初期には自然観察から「多分、こうではないか」という形で生まれている。ダーウィンはガラパゴス島のフィンチやゾウガメを見て自然環境の違いがもともと同じものであった種の形態を変えるのだという推測を行った。これが自然適応である。

ド・フリースはある植物が突然、異なる形態のものを生む現象を見て突然変異を考えた。ラマルクはキリンの首はなぜ長いということから（？）、使うものは進化し、使わないものは退化するということで用不用説を考えた。いずれもすでに存在しているものの表層的な現象を元に考えたものである。これはある意味で後追いである。

ではなぜ、そうなるかということについては結果から後追いで考えていくこととなるからである。ダーウィンについていえば自然環境に適合したものが残り、不適合の場合は消えていく。その結果、適合度の高いものだけが残ってそれがひとつの種を形作る

ということとなる。

　用不用説においては高いところに食料が潤沢にあるならそれを得るために必要な体の器官は発達し、反対に使わない器官はなくなるか小さくなっていく。こうして自然環境の中で種の形は変わっていき、新しい種を生むのである。これも環境適合のひとつだといえる。

　突然変異説においても突然変異したものが環境に適合しなければ生き残れないのであるから数多くの突然変異のうち、環境に適合したものがひとつの種を形作るという意味で環境適合のひとつであろう。

　しかし、これらの説ではどのようにして環境に適合する種が生まれてくるのか、どういう形で環境に適合をするかはわからない。そのメカニズムがはっきりしないのである。かくして、その後の進化論についてはそのメカニズムの研究が盛んに行われた。それは現在の遺伝子、DNAの研究に結びつく。

　「なぜ、そういう変化が起こるのか」ということに対して、今西錦司のように「そうなるものだ」「そうなっている」というのは案外、正しい意見かもしれないがそうなると神か仏の領域の話と同じになる。偉大なる造物主というわけである。

　小売業態についても同じである。大衆消費社会というものが生物を生む、地球環境が生まれた時と考えるならその後においてどういうメカニズムで新しい業態が生まれ、それがどう分化し、更にどう新しい業態を生んでいくのかという小売業態のダイナミズムともいうべきメカニズムが解明されねばならない。解明されなくても少なくともそれは興味を引くテーマである。

　たまたま生まれた業態が環境に適合した結果、新しい業態として定着し、環境に適合しなかったものが消えていったのだ、とい

うことになると、それは正しいのかもしれないが後追いの結果論となってしまう。われわれとしては少なくともダーウィンやド・フリースと同じ現象面からそれを追いかけ、環境適合の姿をはっきりさせる必要がある。そこからそれに至るメカニズムを分析、考察すべきかもしれない。

少なくとも環境適合のキーポイントとなる部分を解明できればと思う。ただ、いきなりそこに行くのはこれまでの小売業態研究では無理であろう。それは進化論における現象面の研究のレベルにとどまっているからである。

それぞれの業態の誕生、経営のシステム、問題点などを考えてみることによってその糸口が見つかるかもしれない。そもそも、新しい業態が出現したといってもそれは後でそういうように言われただけである。

つまり、追認である。その新しい業態が登場した時にそのお店を開発した人はそれが新しい業態かどうかなどは考えないし、それを知るのも周りにいる人くらいであろう。あるいは有名企業が新しい業態を作り出したといってそのこと自体は広く知れ渡ったとしてもそれが果たして新しい業態かどうかは誰にもわからない。後で「それは新業態だった」となるだけである。

生物であっても新しい種を構成することになるたったひとつの個体について「本人」には新しい種だ、などという認識はない。したがって、それが出現した時の状況やその後の環境適応を見て業態認識をするということになるのだろう。

これまでこのことは少なくとも業態については主観的であり、ジャーナリスティックなものにとどまっていた。そのことが正しいかどうかは別として生物学において新種の判定の基準ははっきりしている。

以下、個々について述べる前に日本において戦後、生まれてきた新しい業態を次にまとめて上げておこう。

日本に登場した業態
　ディスカウンター系
　　スーパーマーケット　スーパーストア
　　ディスカウント・ストア　ドラッグ・ストア
　　ゼネラル・マーチャンダイズ・ストア　ホーム・センター
　　バラエティー・ストア　ハイパー・マーケット
　　コンビネーション・ストア　オフ・プライス・ストア
　　ファクトリー・アウトレット　カテゴリー・キラー
その他
　非ディスカウンター
　　カタログ・ショールーム　コンビニエンス・ストア
　　プロ・ショップ　アイテム・ショップ
　　セレクト・ショップ　DIY
　　（デパートメント・ストア）（スペシャリティー・ストア）
　その他無店舗小売業
　　カタログ通販（ゼネラル・カタログ、スペシャル・カタログ）
　　テレビ・ショッピング
　　e－コマース（インターネット販売）
　　オート・ベンダー（自動販売機）
　　組織的訪問販売　パーティー販売
　　連鎖型販売　その他

コンビニエンス・ストアの分化

1　コンビニエンス・ストアの扱い商品

　「なぜ、コンビニエンス・ストアではアイロンを売っていないのか」という試験問題を流通論という科目（当時は商業学という名前だった）の期末試験で出したことがある。自分でもなかなか良い問題だと思って、翌年からアイロンを脚立だのカナヅチだの中華鍋に換えて、しばらく続けてやろうか、と思っていた。

　しかし、この問題は結論から言うと失敗だった。とても私が期待する解答が出てこなかったからである。コンビニエンス・ストアという小売業態のコンセプト（基本的な理念）から言うならコンビニエンス（便宜性）を売る小売店として作られたものであるから日常に簡単に手に入った方が良い商品、緊急に入手する必要がある商品、ついでに買っていく商品といったものを中心に品揃えをする形をとっているし、付加価値の低い商品を商品の回転を大きくしてそれで成り立っているはずである。

　だから、私としては「コンビニエンス・ストアに適合しない商品だから」ということでコンビニエンス・ストアの業態コンセプトから語って、「だから、品揃えにアイロンは入れないのだ」とか、コンビニエンス・ストアの商品回転率について述べ、「だからアイロンは置かないのだ」というように答えを書いてほしかった。

しかるに学生たちの解答を見ると「売れないから」とか「店長が置かないと決めたから」とか「コンビニはもともとそういうものは置かないようになっている」などというものが多かったからである。

　それ以後、こういう問題は出していない。これは10年以上前の話である。そういう昔だったからこういう問題を作ることができた。今ではそもそも、こういう問題は成り立たない。なぜか。現在のコンビニエンス・ストアは何でも販売しているからである。店に置いてあるかどうかは別として少なくとも販売はしているのである。自動車であろうがカメラであろうが宝石であろうが販売されているはずである。

　それはコンビニエンス・ストアがカタログ通販の取次をしているからである。カタログ通販なら装身具でもフォーマル・ウエアでもなんでもあり、である。ただ、われわれはカタログに載っているものすべてをコンビニエンス・ストアが扱っているというようには言わない。コンビニエンス・ストアの品揃え（マーチャンダイジングと言ったりする）のひとつに「カタログ通販取次」とするだけである。しかし、扱い商品の幅が無限に広がっているのは事実である。

　ところが最近までコンビニエンス・ストアは扱い商品を大きく変えてきたように見えるが店そのものはほとんど、変わっていないようだった。相変らず「コンビニはコンビニだった」のである。その理由はモノとしての商品は以前とほとんど変わっていないため店の構成も売り方も変わらないからである。弁当類や飲料、加工食品、雑貨など基本的に変わらずそのかわりモノではないサービスが主力となってきていたのである。カタログ通販の取次はもちろん演劇や映画やスポーツのチケット、公共料金の支払

い、宅配便やゆうパックの取次、コピー機やFAX、キャッシュ・ディスペンサーの設置、等々である。このモノではないサービスの比率が大きくなってきているのである。最近のニュースではコンビニエンス・ストアでのお金の支払い（振替）の総額がモノの販売を追い抜いたという。

家庭での支出を家計消費というがその支出は有形財（モノ）と無形財（サービス）の別がある。有形財支出は食品、雑貨、衣料品、医薬品、家電などの耐久消費財、等々いわゆる小売店で購入するものである。通信販売でも買う。ところが一方、無形財支出は交通費、交際費、教養費、光熱費、教育費、娯楽費、通信費、教養費などである。一昔前は家計消費支出の多くは有形財への支出だった。ところが最近ではサービスへの支出がじわじわと増えてきて今では6割が無形財への支出だそうな。

今、小売業は受難の時代である。業種別の小売業をみると軒並み、全体での売り上げは伸びていない。百貨店でも総合スーパーでもそうである。ただ、コンビニエンス・ストアは伸び続けている。これはコンビニエンス・ストアが扱いを無形財に広げているからでもあろう。

2 急速な変化

日本におけるコンビニエンス・ストアは1970年以前に生まれた。といっても自称コンビニエンス・ストアなるものが全国にポチポチと生まれたという状態だったろう。すでにアメリカではコンビニエンス・ストアなるものが誕生しており、「大勢力のスーパーマーケットにも負けていない」ということで日本でもスーパーの成長で危機を感じていた食品問屋さんがお得意先の一般食料品店をコンビニエンス・ストアにしていこうということからボ

ランタリー・チェーンとして始めたものである。

　だから、コンビニエンス・ストアもどきと言ってよいのだろう。これに目をつけたのが当時の中小企業庁でそのころ、私が勤めていた財団法人・流通経済研究所というシンクタンクにその調査とマニュアル作りを委託した。中小企業庁としては一般の中小小売店向きにそれをガイド・ポストとして示し、「コンビニをやりなさい」という形にしたかったのだろう。ところがその「コンビニエンス・ストア・マニュアル」が完成して頒布し始めると一般小売店はまず買ってくれず、買ってくれたのは大手スーパーや有力卸売業、メーカーばかりだった。コンビニエンス・ストアもどきとしてはココ・ストア、セイコー・マート、Kマートなどといったものが生まれていた。いずれも見よう見まね、独自の工夫でコンビニらしきものを作っていたのである。

　1974年、日本にセブン－イレブンが登場した。イトーヨーカドーがアメリカのサウス・ランド社と提携してコンビニエンス・ストアを展開し始めたのである。この年が日本のコンビニ元年だと今では言われている。本部と加盟店がある基準で粗利を分け合う粗利益分配方式なるシステムをベースとしたフランチャイズ・システムと強力な本部の開発力をもとにセブン－イレブンは軌道に乗り始める。イトーヨーカドー以外の大手スーパーもコンビニ進出を始める。ここから今のコンビニ全盛時代を迎えるのである。ただ、それから30余年、コンビニエンス・ストア業界ではセブン－イレブン主導で発展してきており、セブン－イレブン型が唯一無二のコンビニエンス・ストアだと言われてきたし、セブン－イレブン以外のコンビニエンス・ストア（ローソン、ファミリー・マートなど）は規模や品揃えや付加サービスに違いがあったとしても基本はセブン－イレブンのコンセプトに基づくものである。

その小売店としてのコンセプトは「便宜性を売るものであり、どんな顧客層に対してもその便宜性の提供ということを軸として店作りをするものである」ということである。こういう考え方である以上、コンビニエンス・ストアはすべてが似てくるのは自然である。つまり、便宜性というコンセプトがあって意識的な市場細分化はしない、というものである。

ところがここ数年、急激にこのコンビニエンス・ストア業界に変化が起こってきた。お店としての分化・放散が起こり始めたのである。つまり、立地と顧客層を設定して市場標的を細分化したのである。店の場所とそれに適合する顧客層を限定し、それに合わせた店作りを始めたのである。特にローソンがその先導者となった。

これをクドクドと説明するよりも図-3を見ていただいた方がよい。100円ショップと似た形で価格志向をするもの、自然志向・エコ志向のもの、大学やオフィスや駅構内に出店するもの、ガソリン・スタンドやカフェやファースト・フードなどとの併設型としたもの等々、である。まったく、急激に動き始めたものである。

なぜだろうか、という疑問が生まれる。どうして30年も動かなかったものが今、急に動き始めたのだろうか。このことを社会科学的に言うことはやさしい。そういう時代になったからだ、経営環境が変わったからだ、というわけである。また、今ごろ気がつくというわけではなかろうが「いつまでもセブン－イレブン型でやっていてはいつまでたってもセブン－イレブンには追いつけない」とも言う。

ここには既存店の業績悪化があるとも言える。新規出店で全体の数字をカバーしても既存店が悪化の方向をとったのでは先行き

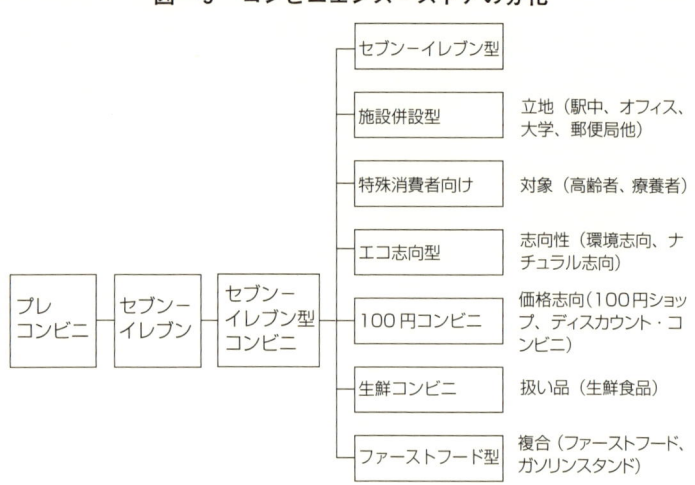

図-3　コンビニエンス・ストアの分化

```
                                  ┌─ セブン-イレブン型
                                  │
                                  ├─ 施設併設型        立地（駅中、オフィス、
                                  │                    大学、郵便局他）
                                  │
                                  ├─ 特殊消費者向け    対象（高齢者、療養者）
                                  │
プレ     ─ セブン-  ─ セブン-      ├─ エコ志向型        志向性（環境志向、ナ
コンビニ    イレブン    イレブン型   │                    チュラル志向）
                       コンビニ     │
                                  ├─ 100円コンビニ     価格志向（100円ショッ
                                  │                    プ、ディスカウント・コ
                                  │                    ンビニ）
                                  ├─ 生鮮コンビニ      扱い品（生鮮食品）
                                  │
                                  └─ ファーストフード型 複合（ファーストフード、
                                                        ガソリンスタンド）
```

が不安である。コンビニエンス・ストアは増えすぎてもう、適当な出店場所がない。消費者の買い物行動が変わってきた、等々を上げていけばそれで済んでしまう。中には一番、変化の激しいローソンの社長に三菱商事から新浪剛史氏が就任したことによって商社的経営が始まったなどという人もいる。

では、これから先一体、どうなるのだろうか。私はこの図-3を見ていて自分で描いた図ながら「どっかで見たことがある」と思った。

3　フィンチのくちばし

「そうだ、ダーウィン・フィンチのくちばしについての図だった」と気づいた。そこで書棚から『フィンチの嘴』という本を引っ張り出した。この本の中には図はなかったが……。私の頭の中にあったのだろう。「自然科学ならこうした変化を的確に説明で

きるかもしれない」と考えてもみた。ダーウィン・フィンチは
ダーウィンの進化論を語る場合、欠くことができない鳥である。
ガラパゴス島で見つけた鳥である。これがダーウィンの進化論に
決定的なあることをもたらした。

　ところで進化論については私たちは中学、高校でいろいろ学ん
だはずであるが基本的に今でも進化論はダーウィンのそれである
ように思える。ダーウィン生誕以来、200年たつがダーウィンへ
の疑問やダーウィンの考え方を発展させたり、ダーウィンの欠け
たところを埋めたり、というように展開されているように思え
る。ただ、ダーウィン時代には存在しなかった遺伝子からの研究
が今の進化論の核となっているように思えるが大筋としての流れ
はいわゆるダーウィンの進化論である（ように素人には思え
る）。中にはウィルス進化論というわかりやすいものもあるが
…。

　まず、ダーウィンについて考えてみる。チャールス・ロバー
ト・ダーウィンは1809年に医者の家に生まれた。医大に入学する
が中退し、ケンブリッジ大学の神学部で学ぶ。ここで博物学に目
覚め、卒業後、ビーグル号に乗って1831年に航海に出る。ここで
見てきたことを帰国後、研究し、1858年にリンネ学会で進化論と
して発表し、翌年、あの『種の起源』（正しくは『自然淘汰によ
る種の起源、または生存競争に勝ち残る種の保存について』）を
出版したのである。

　ダーウィンの進化論の基本は種は長い時間をかけて変化してき
たのではないかということでそれを行うのは有利な個体を自然が
選択する「自然淘汰」、それをもたらすであろう「生存競争」に
よる「適者生存」があると考えた。ただ、この種の変異の機制に
ついては遺伝のメカニズムがダーウィンにはわかっていなかった

(当時は誰にもわかっていない)のでダーウィンは「パンゲネシス説」ということを言ったらしいがこれは今では無視されているので省略。

この「自然淘汰」と「生存競争」と「適者生存」こそがダーウィンの進化論の基本であろう。ここで出てくるのがダーウィン・フィンチである。ダーウィンが自分の考えを展開するのにこのダーウィン・フィンチというヒワの一種である小鳥を考えた。ダーウィンの考え方は図-4のように理解できる。

もともと一種のヒワがいた。それがガラパゴス諸島の各島によって嘴の形が大きく違って来た。これに関連して同じように語られるのがやはりガラパゴス島のゾウガメである。ゾウガメも島によって甲羅の首のところが大きく異なっている。ゾウガメももともとは一種の陸ガメだったろう。どうしてガラパゴス島でこういうことが起こったのだろうか。

ガラパゴス島というのは最も近い陸地が1000キロも離れた太平

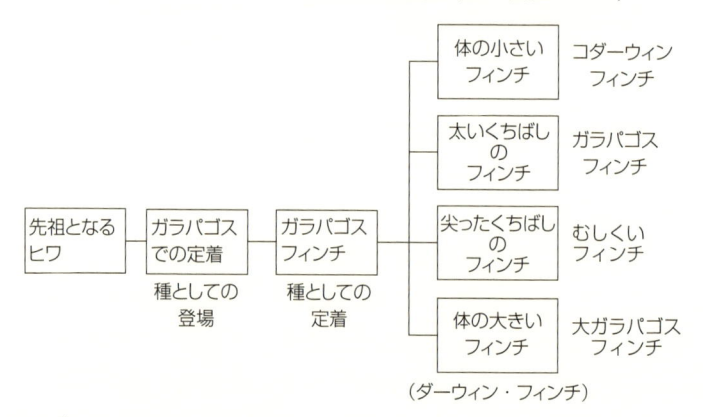

図-4　ダーウィン・フィンチの進化（主に食性による）

先祖となるヒワ → ガラパゴスでの定着（種としての登場） → ガラパゴスフィンチ（種としての定着） →
- 体の小さいフィンチ → コダーウィンフィンチ
- 太いくちばしのフィンチ → ガラパゴスフィンチ
- 尖ったくちばしのフィンチ → むしくいフィンチ
- 体の大きいフィンチ → 大ガラパゴスフィンチ

（ダーウィン・フィンチ）

出所：『フィンチの嘴』の記述を図化。

洋上にある火山島である。比較的大きなイサベラ島、サンタクルス島、サンクリストバル島、サンサルバドル島、フェルナンディア島、などのほか多数の小島や岩礁でできている。総面積は8010平米。いつできた島かははっきりしないが大昔であることは確実である。もともとはくっついた大きな島だったのだろう。それが長い年月をかけて多くの島に別れた。

　はるか洋上の孤島であり、火山島であるからもともとの動物はいなかった。哺乳類はいなかった。鳥は飛べるので来ることができるというが海鳥でないとこういう遠くまでは来ることはできない。哺乳類、爬虫類、両生類も無理である。ただ、長い年月の間に偶然と偶然が重なり、ヒワと陸ガメ（ゾウガメである。ガラパゴス島以外にもゾウガメの種はいる）がやって来た。

　ゾウガメで考えてみる。ガラパゴス島は海流の関係で南米大陸から流木がたどり着く可能性がある。南米のペルー側の川から毎年多くの流木が太平洋へ流れ出す。流木のうち、ガラパゴス島に到着する確率が0.01％、その流木にカメがたまたま乗っていた確率が0.01％、それに雌雄が同じころ乗っていた確率もまた0.01％とする。すると0.00001％となる。確率はゼロに等しい。しかし、これを100万年、200万年、500万年で考えて見るとあり得ないことではない。

　ただ、これはカメだからできた。哺乳類はたどり着くまで生きてはいけない。陸上の小鳥であるヒワもまた、何かに乗って近くまで来たのだろう。こうして大昔にゾウガメとヒワの祖先がガラパゴス島にやって来た。他にも来たものはいるのだろうが土地に適応できなくて子孫を増やせなかった。ゾウガメとヒワだけが生き残った。彼らが来たころはガラパゴスはひとつの大きな島だった。ところがその後、何度もの噴火があったりして島はいくつに

も別れ、それぞれの島にゾウガメとヒワは残った。(実際にはペンギンとアシカとイグアナがいるがこれらは泳げる)。

　島の間に海があるためにヒワもゾウガメも他の島に行くことはなく、それぞれの島で進化していったのだろう。そして、ヒワはダーウィン・フィンチとして島によって嘴が異なる種になっていった。ゾウガメも同じである。嘴や甲羅の形が違ったのは食性故である。絶海の火山島だから食べるものは限られている。木の実を食べるもの、花を食べるもの、他の動物の血をすするもの、等々、ある特殊な食性を持ったためにそれに合わせて嘴や甲羅の形がそれに適応するように変わっていった。

　ゾウガメの甲羅も低地の草を食べるものは首がそのまま伸びればよいがサボテンを食べるものは木に足をかけるなりして首を上に伸ばす必要がある。甲羅の上の部分のところを大きく広げる必要がある。こうしてゾウガメも島によってその形態を変えていった。ここで疑問が生まれる。この嘴や甲羅の違いはいつどのように生じたのであろうか。つまり、変異である。この変異は少しずつ少しずつ起こったのであろうか。高いところにあるサボテンを採るものについては首は少しずつ伸びていき、甲羅の上は少しずつめくれていったのだろうか。これはラマルクの用不用説である。

　もし、少しずつ次第に伸びていったとするとその中間の段階はどうなる。何を食べていたのだろうか。自然淘汰説に従うなら多くのフィンチやゾウガメのうち、自然条件に適合できるものが生き残り、そうでないものは淘汰されたということになる。では適合するものというのはどうして生じてきたのだろう。

4　変異の起こり方

つまり、変異の起こり方であろう。変異はどのように起こるのか。ここで生まれてくるのがド・フリースの唱えた「突然変異説」というものである。ダーウィンは種には小さな変異が常に起こると考えた。ただ、その変異の多くは自然に淘汰されて消えていく運命にあった。しかし、たまたま小さな変異でなく、大きな変異が起こる。これが突然変異である。突然変異のなかでこれもたまたま環境に適合したものが生き残り、それがひとつの種を作っていく。

ダーウィン流に言うならたまたま、ここにひとつの種が存在することとなる。ガラパゴス島に到着したフィンチの祖先のヒワである。ヒワはたまたまガラパゴス島での生活ができたので生き残った。自然選択でそこに定住したのである。コンビニエンス・ストアが日本に定着したのと同じことである。

このコンビニエンス・ストアは日本市場に適合し、発展をした。その種の形態はセブン－イレブン型の業態（種）であった。それは自然選択の結果である。それ以前から新しい業態は日本市場にいくつも登場しつつ、淘汰されて消えていった。コンビニエンス・ストアは残った。それがセブン－イレブン型のコンビニエンス・ストアである。

そして、日本市場にガラパゴス島の火山による島の分割が起こるのと同じような何か大きな変化が起こった。市場が分割されたと考える。その分割された市場に適合するものが生まれてくるはずである。ただし、生まれたものすべてが生き残るという保証はない。自然選択の洗礼を受けねばならない。淘汰されるもの、形を変えて生き残るものがあるはずである。そして、生き残ったも

のはもともとのものと異なる種（業態）となるのだろう。

　そういう意味で言うなら、現在、放散を始めたコンビニエンス・ストアは新しい市場適応を果たしてひとつの種（業態）として位置づけられるのだろうか。はたまた、自然淘汰されて消えていくことになるのだろうか。この淘汰の段階で生存競争が発生する。既存の業態（種）が負けて市場から退場することもあるのだろう。

　「適応放散」という現象がある。放射型に進化が起こり、それぞれの生存領域（ドメイン）に適合した結果、別の種が生まれてくるという考え方である。「環境適応」と「自然淘汰」が小売業態の変化にもあるはずである。では、どういう業態（種）が生き残っていくかというと単純に環境に適応できたものというわけにはいかないようだ。もう少し、複雑な因果関係があるのだろう。

　ここでは「たまたま」という言葉を繁く使った。新しい種が生まれるのは偶然なのだろうか、必然なのだろうか。変異が起こるのには必然性が存在するのだろうか。たまたまの重なり合いが新しい種を作るのだろうか。そこにはどういう機制があるのか。これがこの本で言おうとするテーマでもある。

突然変異なのかスーパーの登場

| 1 | キング・カレン |

　1930年のことだった。ニューヨークのブロンクスに一軒の店が開業した。「キング・カレン」という。この店を開いたのはマイケル・カレンという若者だった。その前年まで彼はシカゴの「クローガー」という店の雇われ店員だった。1930年、それは例の1929年の次の年である。1929年とは20世紀最大の事件、第二次世界大戦を生み、冷戦構造の世界を作ることとなる世界的規模の大事件が起こる大きな節目の年であった。

　1929年、ウォール街に端を発するニューヨーク株式市場の株の大暴落を契機として発生した世界的な大恐慌は誰しも忘れることができない。木曜日に株の大暴落が発生したために「暗黒の木曜日」と呼ばれるがここからアメリカの更に世界の悲劇が生まれてくる。アメリカでは株価が6分の1となり、失業者が町にあふれ銀行や企業が次々と倒産した。不況はなおも続き、1933年にはアメリカの失業率は25％にもなった。そして実質GNP（国内総生産）は1929年の70％になったという。

　この不況は世界に伝播し、世界貿易は縮小均衡に陥ってしまう。世界各国は防衛のために関税を引き上げ、ブロック経済化を図り始めた。このことが第二次世界大戦の原因となっていく。また、アメリカでは不況脱出のためにあのニューディール政策がと

られた。公共投資を拡大し、政府は需要創出をしようとしたのである。ニューディール政策は時のルーズベルト大統領がとった不況脱出のための政策で1933年から34年の第1期政策、1935年から39年の第2期政策に分けられるがテネシー・バレー法、農業調整法、全国産業復興法、全国労働関係法などの法律の制定や大きな公共投資や社会保障制度、銀行制度などの改革が行われた。

　しかし、不況は一向に解消されず1937年にはまた、急激な景気後退が起こる。ここで景気刺激策として軍需部門を中心とした大規模な財政支出政策がとられることとなる。つまり、アメリカは戦時経済体制となるのである。皮肉なことにあれだけ政府が躍起となって景気回復に努めたのにもかかわらず景気回復はならず、景気が良くなったのは第二次世界大戦にアメリカが参戦してからである。戦争を行うことによってアメリカの経済は立ち直った。しかし、世界中の国はそうではなかったが公共投資を行い有効需要を生み出し、全体の経済を活発化させようといういわゆるケインズ経済学が経済政策の中心となり、その後の資本主義経済のあり方を大きく変えていったこと、アメリカ経済において軍産複合体が大きな力を持ったこと、などが特筆できるだろう。

　すべて1929年の株の大暴落が契機となっている。もちろん、それ以前からいろいろな問題は起こっていた。ローリング・トゥエンティーと呼ばれる混乱の時代があったのである。禁酒法はその代表として今でもシカゴ・ギャングのアル・カポネやアンタッチャブルスの時代として知られている。とにかくそういう時代であった。

2　革新と繁盛

　その1929年、若きマイケル・カレンはシカゴで店員をしてい

た。そこに大恐慌である。クローガーの店も大ショックを受けた。クローガーというお店はたった1軒の店ではない。多くの店を持つ当時の最先端にある小売業である。それぞれの店は大きくない。食料品や雑貨品など日常の必需品を売る店である。売り方も店の作りも違うが現在のコンビニエンス・ストアや総合食品店のような役割のものだった。こういうお店を「エコノミー・ストア」と呼ぶことがある。こういう多くのエコノミー・ストアを持つ企業がアメリカにはあった。現代でもクローガーと共に大きなスーパーマーケットとして業態を変えて残っているものにA&Pがある。今ではA&Pとなっているがもともとは「グレート・アトランティック・アンド・パシフィック・ティー・カンパニー」という。ティー・カンパニーというからお茶の輸入と国内販売をしていたはずである。

お茶は1773年のボストン茶会事件、いわゆる「ボストン・ティー・パーティー事件」で有名なアメリカのイギリスからの独立の契機のひとつとなったものである。お茶の輸入販売は大きな産業だったのだろう。A&Pはその流れを引く会社であった。A&Pも20世紀初頭には小売業を経営していた。こういうエコノミー・ストアを経営するものはアメリカにその時代、いくつもあったのだろう。千店単位の店舗を持つものもあったという。

ただ、このエコノミー・ストアは現在のチェーン・ストアとは異なる。各店は独立し、独自の仕入れと販売を行っていたはずである。店の支配人が店の全権を握っていた。そういう意味でこれらは支店と言ってよいだろう。支店制度とチェーン店（チェーン・ストア）制度は異なる。支店制度では本社はあるものの各店は独立し、独自の仕入れや販売方法を採用する。それぞれの店が独立採算的に運営されている。しかし、チェーン制度は本部とチ

ェーン店があり、多くの機能を本部に集約し、標準化されたチェーン店は本部によって決められた品揃え、販売促進、店の外装や内装、看板、店員のユニホーム、商品の陳列方法、などで標準化される。広告や財務は本部が行う。特にチェーンではセントラル・バイイングと言って仕入れを集中する。

　こうしたチェーン制度の本格的なものは1930年ごろには存在しない。このチェーンではない、支店のひとつにマイケル・カレンは店員として勤めていた。そして、大恐慌の勃発に遭遇する。失業者は激増し、消費はまったく沈滞してしまう。もちろん、マイケル・カレンのいるクローガーの店も売り上げは激減するのである。クローガーの他の店も同様であった。「どうしたらいいのだろうか。何か良い方法はないだろうか」と誰しも考えたはずである。この時、マイケル・カレンはある方法を提案しようと考えた。それはマイケル・カレンが突然、考えついたアイディアではなかっただろう。多分、マイケル・カレンは店員として働いていた時にいろいろ考えて自分なりの考え方を作り上げていたのだろう。マイケル・カレンはそのアイディアと店のあり方の変更を提案として書類にしたためて店の支配人に提出する。当然、それは社長に読んでもらいたい、受け入れてもらいたいと考えたものであった。しかし、それを受け取った支配人はあまりに過激な、前例のないやり方の提案であったために「とても実現はできない。社長に見せるわけにはいかない」と考えたのだろう。長い経験でこれまでのやり方が身についた年配の人にはとうてい受け入れられないことであった。支配人にはそれを社長に取り次ぐこともせず、屑籠に捨てた。

　マイケル・カレンは怒ったのか、失望したのか、それはわからない。しかし、自分の考えに対する確信は深かったのだろう。マ

イケル・カレンはクローガーを辞めてしまう。そして、ニューヨークに出て自分の考え方によるお店を開くこととした。どこからその資金を調達したのか、それとも当時小さなお店を開くのはそれほど多額の資金を必要とせず、これまでの貯金でまかなえたのか。それはどうでもよい。とにかく、ここでキング・カレンという店はオープンしたのである。結論からいうとマイケル・カレンは大成功をした。

キング・カレンは大繁盛だった。なぜだろうか。ここにキング・カレンの小売店としての特徴がある。まず、第一にこの店は簡単な作りとしてガランとしたワン・フロアーで余計な内外装はしていない。店にお金を掛けていない。次に店の中は棚を並べて商品を陳列してお客が自由に商品を手に取り、それを持ってレジに行ってお金を払い、客が自分で持って帰るという「セルフ・サービス、セルフ・セレクション」と「キャッシュ・アンド・キャリー」の方式を採用したのである。そのために店員がごく少ない人数ですんだ。キャッシャーにいるものと商品の補充をするもので済む。これで人件費が節約できる。

キング・カレンは必要粗利率が9％で済むように低コストの店を作ったのである。多分、当時のこうした店では少なくとも15％から20％の粗利が必要だったに違いない。粗利は販売価格から仕入価格を引いたものである。実質、店の運営はこの粗利からまかなわれる。もちろん店員の給料も店の利益もここからひねり出すのである。それが9％で大丈夫というのは大きい。

3　傾斜粗利制というもの

このことをベースとしてキング・カレンではあることを行った。それが私のいう傾斜粗利方式の採用である。どういう方式

か。キング・カレンの扱い商品種数は1100品目だった。これを四つのグループに分ける。A，B，C，Dのグループとしてみよう。Aグループの商品は300品目、これらは仕入原価で販売する。つまり、粗利ゼロである。次のBグループは200品目、これは粗利を5％とする。次のCグループは300品目で粗利は15％である。最後のDグループも300品目で粗利を20％とする。これで平均粗利率は9％前後となる。このことは長島信一氏の『日米小売構造の変遷』による。

　こうした粗利設定とそれによる価格づけの威力は大きい。Aグループ商品の仕入値段を5ドルとする。これに普通の店が行っている20％の粗利を乗せると販売価格は6ドルとなる（正しい計算ではないが便宜上こうする）。しかるにキング・カレンでは粗利ゼロだから5ドルである。1ドルも値段は違うのである。Bグループを同じように考えていくと普通の店で6ドルのものがキング・カレンでは粗利が5％だから5ドル25セントとなる。75セント安い。こうした商品で見ていくとキング・カレンは極端に安い価格で商品を売る店に見える。不況で困っていたお客が殺到するのがよくわかる。普通の店で60ドルの買物だったとしたらキング・カレンでは50ドル少々で済む。キング・カレンは安売店として消費者に受け入れられたのである。

　しかし、ここには問題もある。もし、消費者がAグループとBグループの商品だけを買うようになっていたらどうだろうか。キング・カレンはたちまち赤字で倒産である。9％は平均であり、それを確保するにはお客がC，Dのグループの商品も買ってくれなくてはならない。それは実現できたのだろうか。キング・カレンが成功したというのは実際にC，Dグループの商品も売れたのである。

その秘密となるのがワン・ストップ・ショッピングという消費者の購買行動である。日々の生活に必要なそれほど値段の高いものでないものを買おうとした場合、消費者は必要なものの購買を同じ時に一か所で済まそうとする。肉と野菜と調味料を買おうとしたら、それをそれぞれ探し歩いてそれぞれを違う店で買うのは不便である。一か所で買えるなら便利である。消費者は便利を取る。値段がもっとも安いところを選んで一商品ずつ買うということはしない。

　こういう行動を「買い物コスト」という概念で説明することがある。ある商品の購買についてそれは「価格プラス時間や手間や交通に要する費用」というように考えるのである。買い物をするために要するもろもろを費用換算してそれと価格を足したものが総費用、つまり、買い物コストとなるわけである。したがって、その買い物の目的となる主要な商品を買う場所を決めればそのほかに必要なものもそこで買ってしまう。

　そもそも、われわれ消費者の買い物の仕方としては「計画購買」「関連購買」「想起購買」「衝動購買」がある。計画購買というのは初めからこういうものを買おうと考えて店に行って買うというものである。今晩の献立を考えて肉を買おうという形である。関連購買は主要な買い物に付随して買うというものである。肉を買いに行って野菜をも見つくろって買うのである。

　想起購買とは店に行ってそこで気がついて買うというものである。「そう言えばバターが切れていた。買っとかなくちゃ」というわけである。衝動購買は衝動買いといわれるインパルス・バイイングである。買うつもりはまったくないのに店で勧められたり、急に欲しくなって買うものである。

　そこで計画購買に該当するであろう商品の価格が安ければ消費

者はこれにひかれてそのお店に行ってそれを買うがそれに合わせてそこで他の商品も買ってしまうというわけである。その他の商品に高い粗利の商品が存在するのである。マイケル・カレンはそれに気がついていたのだろう。ここには厳密な計算がされていたはずである。消費者はキング・カレンは安いお店だというように考えて来店する。そして、安い商品以外のものも買っていくのである。

この一部の商品を極端に安くして客を呼び込む方法はその後、「目玉商法」「ロス・リーダー」「セール商品」などと呼ばれる販売促進の方法として威力を発揮することになる。そういう言葉は知らなくてもキング・カレンはその方法を採用していたのである。これが消費者に受け入れられた。そういうことをしていた小売店はなかったからである（多分）。

キング・カレンはそれまでにない新しい小売業態であった。ではキング・カレンはまったく新しい小売業態だったのだろうか。実はそうとも言えないのである。簡単な店作りをする小売業はそれまでになかったというわけではない。セルフ・サービスはすでにそれ以前にピルグリー・ウイグリー・ストアという小売業が採用していたといわれる。傾斜粗利方式も単純な客寄せとして行っていたところはあったのだろう。

キング・カレンはそれらの方法を複合し、計算の上でディスカウンター（廉売店）としての新しい小売業態を作り上げたのである。事実、このキング・カレンは後にスーパーマーケットと呼ばれる革命的小売業態として認知がされることとなる。そして、スーパーマーケットの出現はそれ以前から徐々に進行していた流通革命の本格的展開の契機となるものである。それ以降、このスーパーマーケットという小売業態のシステムはその他の小売業

種に応用されディスカウント・ストア（装身具、衣料、耐久消費財）、バラエティー・ストア（日用雑貨）、ドラッグ・ストア（医薬品）、ゼネラル・マーチャンダイズ・ストア（大衆百貨店）などを生むこととなる。

かくしてこの革新者としてのキング・カレンはその後、大成長をしたのであろうか。そして全米を代表する小売業になったのであろうか。そうではなかった。今でもキング・カレンはニューヨーク・ブロンクスに存在しているが完全にローカル・スーパーに甘んじている。全米小売業ランキングにも出て来ない。（このことはHPで見た。ニュージャージーに「キング・カレンの店」というのがあると話にきいたことがある。）

どうしてだろうか。それがキング・カレン以後に生まれてきた小売経営の決め手となるチェーン（ストア）・オペレーションのためである。チェーン・オペレーションによる小売経営は前述のように多くの標準化されたチェーン店を持ち、販売以外の機能を本部に集約する。特に仕入れについては本部が一括してメーカーなどから仕入れる。多くのチェーンの仕入分を総合化するからその仕入量は巨大となる。大量仕入れをするから仕入価格は安くなる。仕入量が増えれば増えるほど、累進的に安くなるのである。メーカーとしてもたくさん仕入れてくれればくれるほど、安くするのである。

キング・カレンが開発したスーパーマーケットという業態はコロンブスの卵で初めに作ったことは偉大であるが特に難しい技術革新があるものではない。他の小売業でも真似はできる。となるとキング・カレンは一店からの出発であったが他のクローガーでもA&Pでもエコノミー・ストアはスーパーマーケットに業態を変えていく。その際、彼らは何百店という店を持っている。すぐに

セントラル・バイイングによる大量仕入れを実現し、安い仕入価格による廉価販売を行ったのである。これではキング・カレンはかなわない。一挙に店数を増やすわけにはいかない。短時間で大量出店を行うフランチャイズ・システムの小売業界への登場はこれ以後である。

それはさておき、キング・カレンがそれ以前になかった革新型の小売業態を生んだのはどういう機制によるのだろうか。環境がそういうものを生んだとかそれを敏感に感じた一人の男の感性と行動力だろうか。そう言ってしまうと簡単である。そこにはそういう業態が生まれる必然があったのかもしれない。あるいはたまたまそういう業態が生まれ、それが環境に適合したのであろうか。ああいう時代だったから多くの斬新な業態はたくさん生まれていたに違いない。多くは環境に適合できず淘汰されたのであろう。

機能の組み合せという視点で見るとキング・カレンは突然変異と言えるのかもしれない。(変異は不断に起っている。そのうち大きいものが突然変異である)

4　突然変異なのか

「ニワトリが先か卵が先か」などと言う。どちらが先かはっきりしない場合に使うようだ。ニワトリがいないと卵が生まれない。だからニワトリが先だというが卵がないとニワトリの存在もない。確かにそうだが卵をニワトリの卵とするなら先になるのはニワトリである。なぜなら、種は成体から言うものであるから。

今から38億年前に地球上に生物が誕生した。そこから連綿と現代まで生物は続いている。途中でいったん、すべての生物が絶滅して地球上から生物が消えていったことはない。今いるわれわれ

突然変異なのかスーパーの登場 67

もルーツをたどれば38億年前のひとつの細胞に行き着く。そこから多くの種が生まれ、それが進化、発展してきた。中には種の絶滅が起こっている。

　ところでこの種とはいったい、何だろうか。種というのは生物分類の基本単位とされる。その分類に学問的な厳然たる基準があるわけではない。生物はずっと続いているわけであり、そこから新たな種が進化の過程で生まれているということだからどの時点をとってひとつの種とするかは難しい問題である。連続の中である時点を設定し、新たな種の誕生である、というのは簡単に言えることではない。

　種の概念を明確にしたのはリンネである。カール・フォン・リンネは1707年に生まれたスウェーデンの博物学者である。子供のころから花を好み、ルンド大学、ウプサラ大学で医学を学んでウプサラ大学の植物学講師となった。ラップランドを探険して1737年に「ラップランド植物誌」を発刊し、有名となるがそれ以前の1935年に「自然の体系」を著している。ここで動物、植物、鉱物の分類体系を築いた。これによって発見された新種をどこの群に属するかを決める方法が確立された。ただ、この分類法は当時なら当然だろうが人為的に行う人為分類であり、その後の自然分類とは異なる。

　1953年、ジェームス・ワトソンとフランシス・クリックによって遺伝子の正体が明らかにされた。DNAという二重らせん構造の化学物質だという。この遺伝子が生物が生存するのに不可欠な成分であるたんぱく質を作る設計図となるのである。これが生物の分類上、きわめて重要なものとなり、それによって種の分類はできると考えられるが実際にははなはだ難しい。

　現在でも新しく発見された生物が新規の種なのか、既存の種の

亜種なのか議論が起こっているし、これまで独立の種だと思われていたものが「そうではなかった」とされることも多い（その反対も多い）。したがって、自然分類はそれが正しいと言いつつ、やはり、分類をするために人為的分類がとられることも普通に行われるのである。

なぜ、そうなのかは種の誕生のメカニズムが明確にわかっていないからであろう。ダーウィンは進化の推移を言おうとした。自然淘汰、適者生存がそれである。しかし、淘汰される対象、適者となるものがどうして生まれたかははっきりさせていない。新しい種が生まれるということはどういうことだろうか。それを多くの学者たちが解明しようとした。いずれも実証は難しく仮説であろうがそのひとつに「突然変異」というものがある。

1900年、オランダのド・フリースがドイツのコレンス、オーストリアのチェマルクという学者たちと共に遺伝の法則を発見した。それは1865年にオーストリアのグレゴール・メンデルが発表した遺伝の法則を実証するものだった。メンデルの唱えたものは今でも「メンデルの法則」、つまり優劣・独立・分離の「三つの法則」として有名である。メンデルはこれによって親が持っている形質がどのように子に伝わるかを明らかにした。

ド・フリースはもう一つ大きな発見をしている。それが突然変異である。彼は近所の公園に咲くオオマツヨイグサを観察している過程においてその現象を見つけた。多くのオオマツヨイグサの中から新しい形態のものが出てくるのである。これをとって栽培してみると新種のものとなったのである。

ダーウィンが言う生物の変異の中でこのような現象があることからそれを突然変異としたのである。生物界では小さな変異は絶え間なくあるがその中で突然に大きな変異が起こるということで

ある。ダーウィン批判のひとつに「種の進化による誕生はどのように起こるのかが解明されていない」というものがあったが突然変異はそれをカバーするものだった。では、突然変異はどうして起こるのか、それは遺伝子の変化によって形質の変化が起こり、これまで存在していなかった形質のものが親から子に遺伝するというものである。ダーウィンはフィンチのくちばしがだんだんと環境に適応していって、環境に適応したものだけが生き残ったと考えていたのであろうが突然変異によると一気にその環境に最適に適応できるものが登場したということになる。

5　遺伝子の変異

　進化の概念のなかには退化も含まれる。普通、進化というとだんだんと良くなるというように思ってしまうが生物の進化の中には使わないものが小さくなったり、機能をしなくなるということも当然、ある。人間の盲腸や尻尾跡などであるし、男の乳首もそうであろう。モグラの目だとかヘビの足の痕跡などでもある。時々、先祖返りといって昔、持っていたと考えられるものが現れたりしている。だから、進化というのは変異である。

　この変異を考えた場合、どうして変異が起こるのかということははっきりしない。遺伝子の変異だとしてもなぜ、遺伝子が変異するかははっきりしない。変異した後でそれが生き残るのか、新しい種として生存するということは自然淘汰であり、適者生存であろうが新しい種の登場ははっきりしない。だから、ウィルス進化説も生まれてくる。

　それは自然における進化論だからそうなのであり、小売業の業態については言えない話である、ということはないと思われる。新しい業態である小売業が登場したとしてもそれが生き残り、ひ

とつの業態として発展していくかということは経済社会環境、経営環境に適合したかということで説明はできる（適合の仕方ははっきり言えないが……）。

しかし、新しい業態が登場する機制についてはうまく説明ができない。商業学、流通論、マーケティング論、などの学者たちの間でもこの新しい小売業の登場とその分化についてはいろいろな説が出されているがこれはというものはまだない。環境との対応で説明されるがそれは結果論である。経営者が環境を先読みしてそれに適合する業態を作り上げたというように片付けてしまうがそれなら環境への適合の仕方が明らかにされねばならない。ここでは「たまたま」というのが本音なのであろう。

そうであるなら「突然変異」で説明した方がまだ、わかりやすい。マイケル・カレンによるキング・カレンは突然変異であった。その突然変異は遺伝子の変異によって起こった。その遺伝子の変異とは何だろうか。それは「ディスカウンター」という遺伝子ではないのだろうか。簡易な店舗、セルフサービス、キャッシュ・アンド・キャリーなどはディスカウンターとしての小売業態を作るための方法、手段であろう。

したがって、キング・カレンの本質はディスカウンターというものであったろう。商品を安く売るという方法は大昔からの小売業の売り方としては存在していた。しかし、小売業経営全体をディスカウンターとして位置づけるのはそれ以前にはなかった。確かにそれ以前の小売業の変化の中でディスカウンターを志向するものはあったろうが明確にすべての方法をディスカウンターに収斂した小売業態作りをしようとしたのはキング・カレンが最初である。

実は流通論においてもこうしたことに気がついた人もいる。そ

れは「小売の輪論」で有名なマクネアとメイである。彼らは小売業態の新規の登場についてより低い粗利を実現をする技術革新こそ、新業態登場の機制だと考えた。この技術革新が遺伝子の変異であり、突然変異をもたらすものであろう。これについては後で述べよう。いずれにせよ、小売業態の新規の登場は突然変異であるということとなると見ることもできる。流通論でもこの突然変異に当たるものについて今後、研究する必要がある。

100円ショップの用不用

| 1 | 100円ショップ登場 |

　100円ショップといわれる小売店があちこちにある。どこへ行っても目につくし、誰でも利用した経験はあるはずだ。巨大な店舗を持つもの、総合スーパーが主宰するショッピング・センターのワンフロアーに存在するもの、あるいはスーパーの雑貨品売場を代行しているもの、そして当然だが独立店として存在するものなどである。すでに全国で2万店を越えるようになっているし、ダイソー（大創産業）のように小売業界の大企業として成長したものもある。

　小物雑貨だけでなく、加工食品、文房具、木工材料、陶磁器、ガラス器、小物衣料、小分けした生鮮食品などなんでもあり、である。腕時計や目覚し時計、老眼鏡、推理小説や恋愛小説、ネクタイ、植木鉢、等々、時には折りたたみ椅子やワイシャツなどが出現してびっくりしたりする。この現代の100円ショップはいつごろから登場してきたかは判然としないが少なくとも目につき始めたのはバブルが破裂し、その後の不況の中でのことだと思われる。デフレが進み、商品が売れなくなってきた時期と歩を合わせて町中で目につくようになってきた。たまたま、利用してみると便利である。便利である上に驚きというものがそこにはある。「こんなものが100円で買えるのか」というおもしろい発見があっ

て病みつきになったりする人もいる。

「100円だなんて安いものだ」となると正気を失い、手あたりしだいに手に取り、籠に入れ、気がつくと数十点。結局、あまり必要ではないものばかりで数千円の支払いになるというケースもある。私の部屋にも取っ手の反対側に丸い木の玉のついた肩叩き兼用の孫の手、伸縮自在のプラスティック製のつっかい棒、ぺらぺら紙の三行便箋の束、うすっぺらな壁かけ用の温度計付き時計、おもしろくもない昔の映画のDVDソフト、などなどが転がっている。

当初、この100円ショップはふつうに100円で売れるものに加えてバッタものを仕入れて100円で売るという形からスタートした。バッタものというのはメーカーが製造したが売れずに滞貨となったものとか卸売業が資金繰りに困って大量に商品を叩き売ったものとか倒産したメーカーや卸売業、小売業の借金のカタに引き取られた商品とか時期はずれとか流行遅れとかの商品などなんでもべらぼうに安く買えるものを現金で仕入れてきて売るというものであった。そのために本来は3000円で売る予定であったような商品を1万個まとめて一個70円で仕入れてそれを100円で売るということもできた。

バッタ屋という商売があり、どこかからワケアリの商品を調達してきてそれをまとめて現金で売りさばくということをする卸売業のようなものが実際に存在している。こうして100円で売れる商品をたくさん店に置いて売るという商売が成り立つのである。100円で売るためには仕入価格は70円とか80円でなければならないだろう。90円で仕入れたものなら少々苦しいが少しならそういうものが混じっていてもかまわない。

実はこの100円ショップというは店舗のオペレーション・コス

トが実に安くつく。大体、100円ショップには豪華で金をかける内装は必要ない。あるスペースに同じような安物の棚を並べておいて、そこに商品を詰め込めば良い。そして、最大の利点はすべての商品が100円だから商品へのプライス・カードづけの必要がない。棚に値段表を書く必要もない。仕入れてきた商品の外装をはずすか段ボール箱からだすかしてそのまま棚に商品を置けば良い。しかも、キャッシャーでは現在、どこの大型小売業やチェーン店でもが装備しているPOSシステムの必要もない。プライス・カードの値段をリーダーで読む必要もないからである。アルバイトのキャッシャーの担当が客が持ってきた商品の数を数えてそれに100をかければよいのである。それに消費税の5％を掛ける。内税ならそれも必要ない。

　簡単な話であるし、紙袋を渡してそれに商品は客に入れさせる。商品の説明をする店員も必要ない。極めて店頭のコストが安くできているのである。不況になり、デフレになってこういう商売が可能になった。可能になったというのはそれだけでひとつの店が経営できるようになったという意味である。これが100円で売れる商品も少なく、ひとつの小売店の売場の一角に100円コーナーを設置するというのでは駄目であろう。

　ひとつの店が100円商品だけで維持できるということが重要であった。ところがここに大きな問題が生まれる。それはバッタものだけで商品構成をしていては常に商品が変わってしまうということである。アドホックに仕入れた商品を置くだけだからである。それがなくなれば同じものが確保できるわけではない。100円ショップに遊びに行くということだとそれでも良いだろうがこうした100円ショップを展開する企業がチェーン店を増やし、まともな大型小売店として定着しようとすると定番品が品揃えの中

心とならなくてはならない。つまり、通常の仕入れルートによる仕入れを行い、常に同じ商品が継続的に入ってきて売れていくという形である。こうでないとそれなりの業態として市場への定着はできない。

しかし、時代が幸いした。こういう形が実現できる条件があったのである。ひとつは中国の経済発展であり、中国が製造輸出を行う経済体制となって来たことである。雑貨小物であれば大量に調達するなら1個50円だの60円で仕入れることはいくらでもできるようになった。また、食品なら東南アジアで安く仕入れることができる。こうして仕入れについては継続的に100円で売る同じ商品をいくらでも確保できるようになった。

そして、これと関連して日本の軽工業が打撃を受け始めた。町工場を含めて零細製造業が東アジアの国との価格競争に破れてその販路を失ったのである。これらの中から生き残りをかけて100円ショップに目をつけたものが出てきた。土鍋とか鉄鍋とか園芸用品とかを安く、その代わりに大量で計画的に仕入れてくれる100円ショップの注文に応じて製造をし、納品するのである。こうして100円ショップは商品確保に苦労をしなくなった（商品の開発、選別や産地探しには苦労があったろうが）。

こうして100円ショップ企業は発展し、店舗を増やしていくなら仕入量は一層大量になり、仕入れコストは安くなり、仕入れ対象品の幅は広がって行く。こうして100円ショップはひとつの業態として定着し、ダイソーとかキャン・ドゥといった上位企業は大企業となっていった。業態の誕生と定着である。

2　不況期の産物

では、100円ショップという小売業態は最近になって生まれた

ものだったのだろうか。年配の方なら覚えておいでだろうが戦後しばらくしてからのことだが町中に小さな「10円均一店」というものが生まれていた。また、リヤカーに商品を山ほど積んで町を流して歩き、「10円均一」の幟を立ててやって来た商売を覚えておられるのではないだろうか。ずいぶん、この10円均一店は多く登場したようだが経済発展の中でいつの間にか消えてしまった。新興のスーパーに負けてしまったのだろう。どうしたのだろうか。

　実はこうした均一店というものの歴史は古い。アメリカでは先世紀の前半、つまり、流通革命が始まったころにこの均一店が登場しているのである。5セント・ストアとか10セント・ストアと呼ばれたものであり、いわゆる「ワン・コイン・ショップ」というものである。1種類のコイン1枚で買える商品だけを置いたお店のことである。これは不況の中で消費の沈滞を受けてアメリカでも大はやりになった。現在、アメリカを代表する大型店として有名なJ.C.ペニーなども一時期、ワン・コイン・ショップをやっていた時期がある。しかし、アメリカでもこのワン・コイン・ショップはいつの間に消えていった。しかし、現在ダラー・ストアというのがある。消えていった理由は経済が活発化し、消費が力を持ち直してきたこと、インフレ傾向が出てきたことからである。ワン・コインで売れる商品の調達が難しくなったからである。日本でも江戸時代に「十九文店」というものがあったと聞く。戦前には高島屋がこうしたお店を展開していたと言う。

　100円ショップで考えてみよう。70円、80円で仕入れることができる商品がいくらでも出現するからこそ、大規模な100円ショップが維持でき、発展できる。ところが経済が上向きとなり、景気が回復して消費者の購買意欲が増大してくる。すると少々高め

の商品を売る店が息を吹き返す。景気の上昇に合わせてインフレ傾向が起こってくる。インフレのために仕入商品が上がり始める。80円となり、90円となっていくと100円で売るわけにはいかない。では、120円ショップとか150円ショップにすればよいかというとそういうことではない。100円だから意味があるわけであり、120円均一とか150円均一というのは消費者から見れば魅力はない。100円玉ひとつだからそれに魅かれるのである。100円ショップがはやり始めた時にそれのまねをして「300円ショップ」とか「1000円ショップ」というものを始めた人がいたが結局、大きな小売業態とはならなかった。

　アメリカでも10セント・ストアが生まれた時に25セント（クォーター）・ストアというものが生まれたかというとそういうことはない。ワン・コインだからと言ってどういうコインでもよいわけではない。日本でも10円玉や50円玉を考えた10円ショップや50円ショップでは消費者から見て中途半端だし、第一それで商品を品揃えすることは難しい。500円玉の場合、それは高すぎて消費者に受けない。ワン・コインというのは消費者が買い物をする場合の最低単位の基準の価値があり、それで買うものが多いという条件が必要だろう。「安い」という印象があってそれなりの程度の商品が多いという条件が必要である。

　だから、100円均一であるべきであり、120円均一とか150円均一に変えるわけにはいかない。変えてしまえば消費者が買い物に来なくなり、経営できなくなるだろう。というわけで今、100円ショップに異変が起こり始めている。業界最大手のダイソーでは100円ではない商品が急速に増え始めている。200円とか300円、あるいは800円といったプライス・カードを付けた商品が店に増え始めたのである。一説には100円以外の商品の割合は10〜20%

になりつつあるという。相変わらず店のキャッシャーにはPOSが入っているわけではない。そこで、キャッシャーの担当者にも客にもはっきりわかるようにけばけばしい色の大きな値段表をつけて「この商品は300円です」といったような表示をしている。こうなっていった理由は中国で人件費が上がり始めて今まで60円、70円で製造委託（自社で企画し、仕様を決めてそれを現地で作らせて輸入する形をとるものを開発輸入という）や輸入仕入れをすることができた商品が値上がりを始めたためである。

　更に世界の環境基準が厳しくなり、環境規制が行われるようになってそれに合わせたものでないと売れなくなるのだがそのために製造コストは上昇する。加えて原油価格の上昇がある。100円ショップを見てもらうとわかるが実にプラスティック製のものが多い。プラスティックは石油が原料である。更に中国を初め世界中の途上国の内需が活発化し、プラスティック製品の再利用のため廃プラスティックの値段が上がっているのである。これはプラスティックだけではない。紙や鉄くず、アルミを代表とする空き缶などの製造原料となるものの価格が上昇しているのである。こうしたものは多くの国の取り合いとなっている。中国やインドなどの途上国である大国の内需が活発となり、それによってもろもろの価格が上昇し始めた。航空や海運による輸送費も上昇している。

　また、世界中の景気が上昇傾向にあり、日本でも景気回復の動きが出てきた。プライム・ローンの問題がおこり、アメリカ経済は足ぶみ状態である。このためスタグフレーションがおこるなら別だが、大企業の業績が上がってくるとその下請けも忙しくなる。100円ショップに向けて製造していたものができなくなる。もともと、100円ショップ向けの商品というのは叩くだけ叩かれ

ている。他に販路が生まれればやりたくないという気もあったろう。かくして100円ショップは仕入れの幅がせばまってくる。また、安全基準への対応や100円以外の商品を加えることによって商品管理や店舗管理のコストは上がっていく。商品を探す費用や開発費用も上がっていくことだろう。そこで付加価値を高め、大きな粗利額を確保できる商品を加えていくこととなる。そのために粗利額の大きな100円以上の商品がいろいろ加わっていくこととなり、これは循環となり、更に100円以上の商品が増え、ついには100円ショップとは言えない業態に変わっていくこととなるだろう。

　ダイソーなど以前からこのことを予想していた。100円ショップというのは不況の中でデフレによって生まれる徒花のようなものだと考えていたのであろう。デフレが終わる前に新たな業態に変わるべきだという考え方である。100円ショップは、いやワン・コイン・ショップはある環境条件によって生まれ、その環境条件が変われば消えていく運命にある。はじめ、売り場の片すみにあった100円で売れる商品のコーナーが拡大され、小さな100円ショップとなり、それは大きな100円ショップとして独立する。これは消費者に受け入れられ、多店舗展開をして更に大きくなることによって仕入れがしやすくなって100円ショップというより大きな業態になる。このように環境に対応してある部分が成長し、進化し、独立の業態になるがそれは再び環境変化によって再度の変化を促されるということになるのであろう。

3　用不用説

　ここにキリンの先祖となるある種の動物がいた。サバンナに棲息し、まばらにはえていたかん木の葉を食べていた。このキリン

の先祖の首は他のカモシカなどと同じような長さであった。つまり、食物争いの競争は激しかったのである。そこでキリンの先祖はどうにか自分だけで独占できる食物を確保したいと考えた（考えるわけはないが…）。そして、他のカモシカなどが食べるところより高い木の部分にある葉を食べようとして首を伸ばした。こうして首を伸ばしているうちに長い時間を経てキリンの首は伸びていった。これが一般に理解されている用不用説というものである（なぜカモシカは首を伸ばさなかったのか）。

　種の進化は何によって起こるのかという時に「使う部分は発達し、使わない部分は退化する」ということから用不用説が考えられるのである。事実、多分、キリンと同じ先祖から生じたと思われるオカピは歩き方や水の飲み方はキリンそっくりなのに首は長くない。オカピはジャングルの中の木の生い茂ったところに棲む。キリンとオカピの共通の先祖はジャングルの中とサバンナという環境の異なるところに別れて棲むこととなり、一方の首は伸び、一方の首は伸びなかった。用があったからだというわけである。ダチョウは飛べない鳥の代表である。したがって、ある環境条件のなかで飛ばずに走ることにした。その理由はいろいろ考えられるがサバンナという草原に棲むためには体を大きくして他の肉食獣に対する立場を強くした方が有利だったからだろうし、体を大きくするとライオンなど一部の大型の肉食獣以外には餌とされない。しかし、体を大きくすることで飛ぶのが難しくなるために走ることとした。使う足は強力となり、使わない羽は退化していき、走る時のバランスをとるために使われる程度となった。

　これが用不用説ということになるがこれは素人に対しては実に説得力のある進化論ではなかろうか。用不用説を唱えたのはジャン・バティスト・ラマルクという学者である。ラマルクは1744

年、フランスに生まれた博物学者である。神学校にて学び、父が軍人だった関係で軍人となるが博物学に興味を持ち、退役してパリで医学や植物学を学んで1778年に「フランス植物誌」を上梓する。当時は植物学が流行していたために評判となり、1783年、科学アカデミー正会員となる。フランス革命後には国立自然史博物館の昆虫学・蠕虫学の教授となる。このようにエリートであり、同時に脊椎動物と無脊椎動物を分けるなど業績もある。それよりも1809年に『動物哲学』という本でラマルクが唱えた「生物は変化していく」という説はまだ、ダーウィンの進化論が生まれる前であったからラマルクの言う「種は単純なものから複雑なものへと直線的に変化していくのだ」という部分は初めての進化論とも言えるものであった。

　ラマルクはダーウィンの進化論を生む前の進化論のパイオニアだとも言える。ラマルクの言うことについては簡単に理解すれば種の器官は使うものが発達し、使わないものが退化していくのだということになり、このことが長い年月で進むことによって種の進化は起こるということであると同時にそのためにはいったん、獲得した形質は子孫に受け継がれていくということである。つまり、キリンが首を伸ばして高い木の枝の葉を食べようとすると首は伸びはじめ、その伸びたという結果と伸びるという方向性はその子供にも受け継がれていくということである。ラマルクの用不用説とも言える説は進化論において大きな意味を持つと同時にダーウィンが登場し、新たな進化論が生まれたことによって現在ではあまり言われなくなった。その理由はいくつかある。

　そのひとつは使う器官と使わない器官の変化が直線的に起こるというがその証拠が発見できないことである。キリンの先祖と目される動物の化石は発見されるがその後、次第に首が伸びていく

途中の過程の化石が見つからない。象にもっとも近いと言われる動物はハイラックスというネズミを大きくしたような動物だがそれを先祖の形にもっとも近いものだとするならそこから今の象になっていく過程がまったくわからないことである。馬の先祖はヒッパリオンという動物だというがそこから今の馬に至る過程がわからない。次第次第に変わっていくはずだがとうていそうは思えない。その欠けた部分はミッシング・リンクだ、など言うがそんなものが果たしてあるのか。

　むしろ、突然に変化していく方が正しいのではないのか。これでは後のダーウィンの「自然淘汰」や「適者生存」、そしてド・フリースの「突然変異」の方が説得力がある。これはこう考えた方がよい。ある動物に何かのきっかけで変化が起こる。突然変異である。例えば他の仲間より首の長いキリンである。首が長い方が餌が取りやすい。しかし、他の仲間と一緒に暮らしているが自然条件が変わって低いところの餌が不足し始める。そうすると首の長いものは生き残りやすいが首の短いものは排除される可能性がある。適者生存である。こうして首の長いものだけが生き残っていき、また、突然変異で更に首の長いものが出現し、それも生き残っていく。これが現在のキリンとなる。その過程で首の短いものは消えていってしまった。こう考える方が自然である。

　大体、少しずつ首が伸びるなどということがあるのだろうか。たとえ、そうであっても今のような首となるまでの間の中途半端な状態で生存できるのか。だから、何世代も通して少しずつ使うものが直線的に発達するというのは信じがたい。モグラの目が見えなくなったというのは土の中で暮らして使わなかったからだということだが少しずつ視力が弱まっていき、やがて見えなくなったのだろうか。このあたりがわからない。もう一つラマルクの進

化論では親が獲得した形質が子に受け継がれるという部分がある。首が伸びるというのは首を使ったからである。では親が使って発達した器官は子にも伝わるのか。私が筋トレをして上半身の筋肉が発達したとして私の子供は筋肉隆々となるのか。必死に訓練して100メートルを10秒で走ることが出来たら子供は労せずして足は早くなるのか。

　私が生まれついて骨太であれば子供も骨太になるということは考えられるが一生懸命カルシウムを摂取して骨を丈夫にしたからといって、それが受け継がれるのか。これは後天的な獲得形質が子供に遺伝するかどうかの問題である。このことはいまだにはっきりとはわかっていないという。

　ただ、こういう単純化した話はラマルクの真意を正しく理解できていないのかもしれない。親鸞が言う阿弥陀如来の慈悲の心にもとづく「他力本願」という言葉の意味を「他人頼り」とか「他人任せ」というように勝手に解釈して言うのと同じことかも知れない。しかし、ラマルクの用不用説と一般に言われているものはわかりやすい。種をひとつの個体と考えてみれば使う部分は発達し、使わない部分は退化するというのは人間の場合、脳や手は使うから発達し、しっぽや盲腸は不用だから退化した。鯨の手は使い方が変わったから鰭となった。ここにひとつの考え方がある。大進化と中進化と小進化という考え方である。進化というのはいろいろな側面というか局面がある。霊長類のあるものから人類が生まれるのは大進化である（これは大進化とは言えないかもしれないが）。人類の直接の先祖とされる700万年前の人から現在の人になるのは中進化である。そして、紀元前10世紀の人類が現在の形となるのが小進化である。用不用は中進化の中にだけあるのだろうか。

これは経済変動における景気循環と同じことであろうか。50年周期の長期変動をコンドラチェフの波、10年周期の中期変動をジュグラーの波、短期の変動をキチンの波という説明である。これらが重なっているということである。それで経済は変動していく。進化も同じである。

4　直線進化

　ある小売業が環境条件の変化に対応するために自らの品揃えの一部をクローズ・アップさせる。それは100円商品である。その部分を使って業態開発がなされる。それはやがて100円ショップとして花開き業態として確立される。しかし、やがて環境条件が再び変化したことによって業態としては滅んでいく。

　使えば進化するということについてはハチドリの一種にくちばしがいやに長く湾曲しているものがいる。このハチドリはある種の花の蜜のみで生きている。この花は細長い花弁を持ち、他の鳥や蜂では細長い花の奥にある蜜を吸うことができない。また、このハチドリのくちばしも異型であるから他の花の蜜を吸うことができない。このハチドリはこの花のみで生きているが競争相手がいないから安泰である。実際はこの花蜜を吸うためにこうしたくちばしになったのではなく、たまたま変異によってこの長いくちばしを持ったものが出現したと言うべきである。ただ、問題はもし、この花の植物が何らかの環境変化で絶滅したら、あるいは衰微したらこのハチドリも絶滅するのである。ある環境に特化して対応するためにあまりにもそれにのみ適応できるかたちになっていった場合、環境が変化すると生きていけないこととなる。

　環境の中で消費者の志向と調達方式に対して極端に特化した小売業態が100円ショップというものではなかろうか。ただ、ワ

ン・コイン・ショップはまた、ある条件の環境が生まれると再び登場してくる。それは以前のワン・コイン・ショップの企業が息を吹き返すという意味ではなく、新たな企業による業態として登場してくるのである。

10セント・ストアであったJ.C.ペニーはゼネラル・マーチャンダイズ・ストアに変わってしまった。多分、100円ショップの代表とも言えるダイソーは100円ショップとしては消えていっても企業としては他業態に挑戦していくこととなるだろう。種は常に変化していくものであり、獲得した形質（のある部分）は子孫に受け継がれるというラマルクの言う説は魅力的でもある。直線的に変化するということは否定されても変化するということは正しいだろうし、ある種の獲得形質は子孫に受け継がれるというのも正しいと思われる。進化論とか生物学の学問的な意味では問題とされなくともそれは大筋で素人の進化論の中には生きているのではなかろうか。

小売業は変化し続けている。その過程で環境変化に応じて大きく変化する。その過程をある時点で切ってみるならそこには新しい業態が登場しているのであろう。後で再び別の時期を切ってみると消えているということである。

進化の歴史の中で何度も登場し、消えていくワン・コイン・ショップは業態論の中ではおもしろい存在である。西域にあるといわれる「さまよえる湖・ロプノール」のような存在なのであろうか。ワン・コイン・ショップの登場はある部分の「用」による使用による進化の結果で、それが消えていくのは「不用」によって対応手段がなくなった結果でもある。

百貨店の適応放散

1　ボン・マルシェ

　百貨店はいつ生まれたのか。その時期についてはいくつかの解釈がある。1852年、1869年、そして1887年である。いずれもブシコー夫妻という二人の人物が関係している。アリステッド・ブシコーは1810年にフランスのノルマンディーに生まれた。父親は小さな帽子屋を経営していた。当時の商店の跡取り息子はやがて丁稚奉公に出る。ブシコーはパリの彼が生まれた年に開業したプチ・サン＝トーマというお店に奉公することとなってパリに出てきた。18歳の時である。ここで彼はこれまでにない新しい商売を見ることとなる。1835年、アルステッド・ブシコーはマルグリッド・ゲランという女性と結婚する。マルグリッドは当時、小さなチーズ販売店の運営をまかされていたという。二人はよく働き、貯金をした。そして、1852年に「ボン・マルシェ」というお店の共同経営者になった。これがひとつの始まりである。

　1869年、ブシコー夫妻はすでに自分たちのものとなっていたボン・マルシェを当時のパリ大改造計画によって払い下げられることとなった従来の店舗の隣接地を取得し、この5000平米にもなる土地に巨大な店舗を作り上げようとした。これが百貨店の誕生だとも言われる。ただ、この店舗工事には時間がかかった。

　第2期工事が終わり、巨大な全館がオープンしたのが1887年で

ある。こうしてそれまでにはない巨大な小売店舗がこの世に誕生したのである。この三つの時期を取り上げるが多くは1852年を百貨店誕生の時だという。ブシコーがボン・マルシェを自らの考えである種の小売店にしようとした時である。しかし、その時期はいつでも良い。

　以上のことは鹿島茂氏の『デパートを発明した夫婦』によるものである。百貨店の誕生はブシコーとボン・マルシェによるものだということである。しかし、そうではないのだという意見もある。すでに1800年代初め頃からフランス、特にパリの町中に新しい小売店が登場し始めていた。この新しいタイプの小売店を「マガザン・ド・ヌボテ」と言ったと鹿島氏は「デパートを発明した夫婦」のなかで言っている。流通論の教科書ではあまりマガザン・ド・ヌボテなどは出てこないが鹿島氏はこれが商業革命を引き起こした、という。

　確かにここからブシコーとボン・マルシェが生まれてきたのでそうは言えるかもしれないし、ブシコーが最初に奉公したプチ・サン＝トーマはマガザン・ド・ヌボテに分類される小売店であり、ブシコーは自ら望んでここに入り、ここの商売を徹底的に勉強し、それがボン・マルシェにつながるのだから百貨店のプロトタイプがマガザン・ド・ヌボテだとも言える。しかし、スーパーマーケットのキング・カレンが1930年に登場する以前から次第にそれと似たものはあちこちに登場していたのだから同じことだがスーパーマーケットという業態としての確立をキング・カレンにとるということで考えるとボン・マルシェこそ、百貨店の第1号だといえよう。

　フランス語のマガザン・ド・ヌボテはマガザンがお店の意であり、ドは英語のオブ、ヌボテは流行あるいは流行の品という意味

になる(普通は新しいものの意)。流行品を扱うお店ということになるだろう。現代なら別に問題はない。普通のことである。ところがこの時代においては革新的なことだった。なぜならその前の時代まで小売店とは必要なものを買う場所だったのである。特定の消費者が特定の店に行って、必要なものを買う。つまり、近所で必要な時に店に行き、そこで必要なものを買うというのが普通の姿であった。

ところが時代が変わり始めていた。経済が発展し、豊かな消費者が登場し始めていた。それはハイ・ソサイエティーの人たちだけでなく、その後に言われるミドル層の消費者たちである。また、交通網や道路網が整備され始め、道路にはガス灯がつき、いわゆる今で言うアーケードのようなものもできてきた。そして、遠距離の買い物の行動がなされるようになってきた。それまでの必要なものを手に入れる労働としての買い物が楽しみのためにそれを行うというようにもなってきたのである。こうした背景のなかで店に行くだけでもよい、ウィンドウ・ショッピングをするだけでもよい、ということから不特定多数の客を集める店が出てきたのである。これがマガザン・ド・ヌボテである。

こうした中からボン・マルシェは生まれた。誰でも自由に入れる店、商品は客が自由に手に取れるようなオープン・ディスプレイとされ、商品には値札がつけられて誰でも同じ価格で買えるような定価制がとられた。しかし、これらはボン・マルシェが始めたことではなくマガザン・ド・ヌボテが行ってきたことである。

では、ボン・マルシェがそれまでのものとどういう点で違ってきたのだろう。その第一は店舗が巨大化されたということである。マガザン・ド・ヌボテはいわゆる専門店である。巨大な店舗というわけではない。ボン・マルシェは巨大な店舗を作った。巨

大であるが故にそれまでのものと違ってきわめて多くの商品を並べ、売ることができる。マーチャンダイジングの総合化である。

第二の特徴が廉価販売である。それまで廉価販売を基本に置いた小売店は存在しない。ある種の商品、時期、顧客に対して安く売るということはあっても全体的に安く価格を設定したものはなかった。総合的なマーチャンダイジングと廉価販売、これこそ近代的な業態だといえる。そのことが大量販売を可能としたのである。反対に言えば量販を実現できたからこそ、大型の店舗と安い価格が実現できたのである。これこそ、流通革命を行うための新たな業態の登場と言えよう。

ただ、まだ、時期が少し早い。本当の大衆消費社会の到来にはもう少し時間が必要である。一般には業態の登場としては1930年のアメリカにおけるスーパーマーケットの出現が流通革命の嚆矢といわれるのでボン・マルシェによる百貨店はその前段階のものと言えるだろう。

しかし、ボン・マルシェは成功した。今でもギャラリー・ラファイエット、オ・プランタンと並ぶパリの三大百貨店として存在している。ボン・マルシェの成功が百貨店の始まり、であるとするがその業態はただちに西ヨーロッパ、つまり、ロンドンだのベルリンに生まれているし、数年を待たずしてアメリカの大都市にも誕生している。もちろん、パリでも同じである。

この百貨店であるがボン・マルシェが登場した時にはフランスではこの業態を「グラン・マガザン」と呼んだ。グランは大きい、という意であり、マガザンは店舗である。「大きなお店」ということであろう。ところがこれがイギリスやアメリカにできた時にはこれを「デパートメント・ストア」と呼んだ。デパート・メントであるから区切られたお店という意味である。巨大な店舗

のフロアーを区切って種々の商品が売られるということであろう。洋服売場、シャツ売場、靴売場、化粧品売場、装飾品売場などがそれぞれ区切られてひとつの店舗に存在しているということだろう。

この業態としての成功は日本にも影響を与えた。東京の日本橋に越後屋という呉服屋があった。江戸時代に革新的な売り方を実現して話題を呼び、世界で最初の商業革命を行ったと今になって言われる。これはボン・マルシェと同じことをしたということだろうがむしろボン・マルシェというよりもマガザン・ド・ヌボテに近い。なぜなら越後屋は呉服の専門店だったからである。

その越後屋が1904年（案内文発送）又は1905年（広告）に３階の店舗を完成して百貨店宣言をしたのである。1928年に現社名の株式会社三越となる。この時に百貨店という言葉が生まれた。デパートという言い方は今もあるが百貨店は英語のデパートメント・ストアの直訳ではない。グラン・マガザンの訳でもない。つまり、多くの商品を売っている、何でも売っている、ということから百貨店となったのだろう。このようにして百貨店なるものは世界中に普及し、長い間、小売業の王者として君臨した。

2　いわゆる大型店

大きな店、区切られた店、何でも売っている店、といったように百貨店は国によってその受け取り方は異なっている。しかし、「大型の店舗」「商品によって区切られた売場」「きわめて多彩な商品構成」ということは共通である。ただ、流通革命が進んだ現在では百貨店は量販店とはされないし、安売店（ディスカウンター）ともされない。それは百貨店自体の流通における役割が変わってきたからであろう。もともと、パリで生まれた百貨店は買

い物を楽しむというまったく新しいニーズに対応することにおいて消費者に受け入れられた。買い物を楽しむ場所、あるいは買い回り行動を行う場所、として位置づけられたものである。

百貨店は初めてアミューズメント・ショッピングという性格を持った小売業だった。そして、それ以降の時代、先進工業国では百貨店はそうした位置付けで発展していく。そうである以上、それぞれの国の事情によって位置づけは変わらなくとも小売店の形態としては変化していくだろう。たとえば日本では戦前「今日は帝劇、明日は三越」という言葉がはやったことがあるがこれは百貨店の性格を示すものである。しかし、こういう性格づけがされた場合、百貨店の存在する国の事情や環境によってその表現の仕方は著しく違ってくるはずである。表現の仕方とはマーチャンダイジングや店の作りや店内にある施設、装備などである。

そういう意味で言うなら百貨店は現在、パリで生まれ、約150年、各国で似たような形であるがそれぞれ異なった方向に進化し、違った業態になってきているということが言える。似たような業態的特徴とは大型の店舗と品揃えの幅の広さということである。

このことは各国の百貨店といわれるものを見比べてみればよい。ロンドンにあるハロッズという百貨店、大型の店舗であるということはそうだがこういう百貨店は他の国にはない。アメリカのブルーミング・デール、ニューヨークのど真ん中にあったメイシーズ、あるいはダラスのダウンタウンにあるニーマン・マーカス。そして日本にも進出してきているバーニーズ・ニューヨーク。また、韓国を代表するロッテ百貨店、更には現在、急速にその形を変えつつある中国の百貨店。

日本では日本独特の百貨店を作り上げてきたのではないのか。

今、デパ地下ブームと言い、各社が力を入れている地下の食品売場だが、大体、欧米の百貨店には食品売場は存在しない。もっとも、一部に食品を売っている欧米の百貨店も見たことがあるから100％ないとは言えないが日本のように大々的に食品売場を開発し、それが集客源、収益源となっているという例はない。

また、屋上に遊園地とか庭園を置くのは日本の百貨店の特徴である。また、日本の百貨店は美術部を持ち、高級美術品や骨董品を売るし、大部隊の外商部を持ち、有名百貨店ほど、外商の売上割合が高い。これと関係して中元、歳暮の進物などが大きな売上比率を占めている。これらも欧米の百貨店には弱い性格である。

さらに、日本の百貨店は欧米にはないおもしろい商売の方法を開発した。それが派遣店員制と返品制である。これによって各売場の構成や品揃えや補充発注は納入業者の機能となり、百貨店はスペースを持つ小売店プロデューサーのようになってしまった。ディレクターは納入業者である。こういうのは欧米の百貨店にない。これはまったく異なる業態というべきではないのか。

このほか、日本の百貨店の特徴として文化的な催しがある。諸国物産展だの美術展だのである。このほか、日本の百貨店には欧米の百貨店にはない妙な特徴がいろいろあり、どうも百貨店としての位置付けが異なってきているのではないのかという気がする。

韓国は消費者の購買力からいって日本に近付いてきている。ソウルや釜山にある百貨店は形態的には日本に似ている。私のところの大学院に韓国の留学生が複数人おり、結婚式だの調査で彼らと一緒に韓国へ行った時に「日本の大型百貨店とソウルや釜山の大型百貨店の違いをレポートしろ」という宿題を出した。そこで出てきた答えである。

（1）韓国の百貨店は1階に化粧品とおみやげ品が一緒にある。
（2）韓国のそれには電気製品売場と精密機器（カメラなど）を売るフロアーがあり、大きな位置を占めているが日本では電気製品や精密機器の売場はほとんどない（かつてはあった）。
（3）日本では呉服や和食器の売場が大きくとってあり、時にはワンフロアーのすべてがそれであるが韓国では韓国家具、民族服、韓式食器などの売場がほとんどない。

それよりも大きな違いは客の入りである。韓国ではエスカレーターなどぎっしりと人が乗っていてウィークディでも超満員である。ロッテ百貨店など最上階のツー・フロアーは免税店となっていたりする。ここでも人出は多い。

こうした違いはその国の百貨店の位置づけによるものだろう。アメリカには大型の百貨店の他に中型百貨店と言えるものがある。そのひとつはリージョナル型のショッピング・センターにキー・テナントとしてはいっており、もうひとつは先述のバーニーズ・ニューヨークやニーマン・マーカスといった百貨店である。こう言うのをデパートメンタライズド・スペシャリティー・ストアというそうだがこういう百貨店は日本にはない。あるとしたら銀座の角の和光くらいだろう（和光に食品売り場はない）。

また、アメリカでは1980年位まで全盛を誇ったGMS（ゼネラル・マーチャンダイズ・ストア）というものがある。シアーズ・ローバック、J.C.ペニー、モンゴメリー・ワードの御三家である。今では総合ディスカウント・ストアにその場を取って代わられ、消えていったもの、ランクを下げたもの、業態を変えざるを得なかったもの、など往時の姿はない。

しかし、このGMSはあえて百貨店とは区別されて一業態と理解されていたが日本ではこれを「大衆百貨店」と呼んでいた。日本でもGMSという業態が存在するといわれるがこれは食品スーパー（SMと言ったりする）と区別して総合スーパーのことを言う。

日本でも小型の高級な商品にしぼり込んだ郊外型あるいはショッピング・センターのキーテナントとなる百貨店を作る動きがあったがそのほとんどが成功していない。今度、伊勢丹と経営統合した三越の苦境はこの小型店舗の不採算故であるかもしれない。今、日本の百貨店は自己のレゾン・デートル（存在意義）を探し、業態の確立をしようとしているのだろう。

このようにパリで生まれた業種的に言うならファッション・ストアである百貨店は世界中に散らばり、その持つ「買い物に快楽を」という性格のもとに大型の店舗という共通性はあるものの業態としての統一性はなくなっている。と同時にその国の消費の傾向や娯楽や快楽というものの性格の違いによって業態としてはひとつのものとは言えなくなってきているのではないのだろうか。

つまり、ヨーロッパのある場所で約150年前に登場した百貨店という業態は世界中に広がることによって放散をし、その国に適応して業態を違えてきているのではないのだろうか。これを適応放散という言葉で言うこともできる。また、百貨店は消費のうちの必需部分を担当するのでなく、買い物の楽しさや買い物行動の複雑な心理に対応するものである以上、常に変化をしていかねばならないのである。これも適応放散の特徴である。

3 適応放散

進化論、生物学の中に適応放散という言葉がある。いや、あっ

た、というべきか。現在、進化論の本を読んでも適応放散という言葉は出てこない。しかし、私が若い頃にはこの言葉は確かにあった。しかし、今では見つけることができない。手元のある進化論の解説書を見ると適応では「適応的突然変異」「適応的歩き方」「適応度」「適応度関数」「適応度地形」がある。放散はない。(徳永幸彦『絵でわかる進化論』)

　他の幾冊かの本には適応も放散もない。これはそういう概念が否定されてしまったのか、あるいは当たり前のこととしてテクニカル・タームとしては扱わないこととなったのか。しかし、適応放散という概念が無くなったとは思えない。余談だがアメリカン・フットボールでは攻撃側は4回のプレイができる。その4回のうちに10ヤード進むともう一度、4回の攻撃ができる。4回の攻撃で10ヤード進み、あらためて4回の攻撃ができることを私が若い頃には「フレッシュ・ダウン」と言った。しかし、今ではアメリカでも日本でもそうは言わない、単にファースト・ダウンというだけである。言葉は使われなくなったが再度の攻撃ができるということについては変化もない。これと同じことか。

　適応放散という概念は明確にある。「はじめに」でも述べたが、例を上げて言う。日本の里山にタヌキとアナグマが棲息している。この二つの動物は酷似しており、ひょっと見るとどちらかがわからない。ずんぐりとした体つき、茶色の毛並み、とがった口先、似たような大きさであるが近くでじっくり見ると違いはわかる。体つきは穴グマの方が太いし、口先はタヌキの方が細い。毛並みは穴グマの方が明るく黒っぽい部分が少ない。

　しかし、よく似ているために間違われることが多いという。タヌキとアナグマはマミだのムジナなどと呼ばれるが地域によって言い方が異なるためにどちらがマミでどちらがムジナなのかわか

らないし、両方ともに同じように呼んでいる地域もあるという。どうしてこう似ているのだろうか。それは両方の生態が同じだからである。食性は両方ともに小動物、昆虫、果実、芋、野菜など手当たり次第の雑食であり、夜行性であって同じような穴に巣を構えて子育てをする。

つまり、同じような生態ドメイン（生存領域）に住んでいるために体つきや行動パターンが酷似したのである。ではこの動物は近い種かと言うとそうではない。タヌキはイヌ科であり、アナグマはイタチ科である。もともと、違う種なのである。イヌ科ならキツネ、オオカミ、飼い犬がそうだからこっちに似てもよいのだろうがそうではない。イタチ科ならイタチ、テン、ハクビシンなどである。しかし、そういう同じ科の動物とははっきり異なっていて間違うことはない。

このことはたまたまイヌ科のタヌキとイタチ科のアナグマが同じような環境に棲むようになって同じような行動をとったために進化の過程で形態が似てきたということなのである。イヌ科の同じ種の動物があちこちに散らばって棲息するようになり（放散）、その結果、その環境に合わせて形を変えていったということである（適応）。

この適応放散の代表的なものが有袋類といわれる動物たちである。有袋類は主にオーストラリア・タスマニア、一部、ニューギニアに限定されて棲息しているカンガルーが代表の動物群である。有袋類はきわめて原始的な動物であり、ごくごく妊娠の初期段階で子供を出産し、おなかの袋の中で育てる。オーストラリアやタスマニアに棲息するカモノハシとかハリモグラという動物は哺乳類の中でも稀有な存在だが卵で子供を生み、お乳でこれを育てる。哺乳類としては初期の形であろう。こうした初期型の動物

がここに棲息できたのは大型の肉食哺乳類がいなかったためだと思われる。天敵がいなかったわけである（旧大陸の有袋類は早い時期に滅んだ）。早い時期にオーストラリアは大陸から分離したために原始的な有袋類は彼らだけで適応放散をした。

シカに似たカンガルー、アナグマのようなウォンバット、イタチのようなタスマニア・デビル、リスのようなオッポサム、今は絶滅したが近年までいたオオカミそっくりのフクロオオカミ、などなど、ユーラシア大陸や南北アメリカ大陸にいる動物たちにそっくりな動物たちが棲息している。なぜ、こういう似た動物が生まれてきたか。それは有袋類に属する動物がオーストラリアなどの限定されて種の移動のないところでそれぞれ自分のドメインを作り、そこで独自に進化をしてきたからである。

形が似ているからと言って有袋類とユーラシア大陸の動物たちとは種として大きく離れている。形が似たのはドメインが似ており、食性や行動特性が似ているからである。このことは環境に対して適応したものが生き残るという適者生存の考え方と同じである。この人は一般にはあまり有名でない学者なので簡単に言うがレオンティンという人が環境に対する適応度というのは変移するものであって、同時にその適応度が遺伝する時に進化が起こるということを言っている。

4　適応度の高さ

適応放散というのは環境に合わせて自らの生き方を適応させ、それによって進化するということであるがこれはわかりやすい話である。業態について言っても百貨店という業態を取り入れた場合もそれを市場環境に合わせてベースとなったものから変えていくというのは当然であろう。ただ、問題はそれが遺伝となり、次

の世代に引き継いでいくことができるのか、できるとしたらそれはどういうメカニズムによるのか、ということである。これはただひとつの個体で考えると難しいのだが種はたくさんの個体の集合体であるから適応度の高いものが生き残り、たとえそれは数が少なくても生き残る確率が高ければ累積残存確率は高いわけだからその方向に進化していくということになる。適応度の高いものの子供の生き残る確率が高いわけである。

レオンティンの考え方で言うなら適応度が高いということが遺伝するということではなく、適応度の高いものが遺伝した場合に進化は起こるというわけである。適応すれば遺伝するのでなく、適応度の高いものがたまたま遺伝した場合に進化は起こり、新たな種を作るということであろう。

遺伝するのは形態とか行動ではない、それは結果である。遺伝するのは遺伝子である。遺伝子とは遺伝物質であり、染色体とかDNAといわれるものである。その結果は表層的な形態とか行動になる。

業態の場合も同じことである。表面的には同じ形態のお店である百貨店は異なる環境によって遺伝子は異なり、それが遺伝されねばならない。もし、レオンティンの言うように適応の遺伝子が進化するのではなく、適応度の高い遺伝子が遺伝した場合にのみ進化が起こるというのであれば業態としての百貨店が安泰であるということはあり得ない。環境は大きく変わる、百貨店という業態は変化の中でのみ存在できるものであるとしたら次の変化において適応しなければならないがそれは遺伝できるのか。

これについては適応的突然変異というものがあるという。これは微生物の実験で証明されているというが突然変異というのはそれが起こりやすいホットスポット（不安定な場所というか熱を持

った場所というか）というものがあるという。いったん環境適応をしながら次に適応が難しくなり、変化を必要とした場合、それができるものとできないものがあるということであり、できるというのは突然変異的に変わることをいうわけで微調整で環境に適応するのは難しいということである。

　百貨店という業態は今、ホットスポットを持つもののみが生き残る状況にあり、新たな業態を作りあげるものとそうでないものの選別が行われようとしている。こうしてパリから生まれた百貨店が世界中に広がり、適応放散をし、進化をして別の種として存在することとなったのであるし、その進化の方向は更に放散するのであろう。

　すでに日本でも戦前型の百貨店はもう存在していない。遊びに行く対象ではないだろうし、ステータスでもない。百貨店の食堂が豪華なディナーの席にもならない。今後、日本の百貨店はどう進化するか。アメリカは、ヨーロッパは、韓国は、中国は。オーストラリアは閉鎖された有袋類の天下であったが有史以前にやって来たポリネシア人（アボリジニ）が連れてきたと思われる野犬ディンゴが定着し、開拓時代に連れられてきたラクダが大繁殖をしている。ネズミだのネコだの人が連れてきた哺乳類が繁殖している。

　適応放散の環境が変わり始めている。有袋類のような種としての力の弱いものはどうなっていくのか。百貨店が有袋類だというわけではないが。

GMSとは何だったのか

1　シアーズ・ローバック

　流通という経済機能は一般の人にとっては普段の生活に密着している。そのため普通の話し言葉の中に多くの関連する言葉が存在している。それは使う人によって意味が違ったりするから混乱する。スーパーなどそのよい例である。コンビニエンス・ストアをスーパーと呼ぶ人がいるし、大型店をすべてスーパーと呼ぶ人もいる。総合スーパーを百貨店と呼ぶ人もいるし、町中のパパママ・ストアを専門店と言う人もいる。

　では「大型店」「量販店」「ビッグ・ストアー」「総合スーパー」といった場合、これらは違うものなのか同じものなのか、はたまた次元の違う言葉なのか。これは欧米の小売業について書かれたものを見ても同じことが起こる。「ハイパーマーケット」「総合ディスカウント・ストア」「コンビネーション・ストア」「スーパーセンター」などなどである。こんなものの違いはわかるわけがない。こうした言葉の中に GMS というのが出てくる。

　GMS とは「ゼネラル・マーチャンダイズ（マーチャンダイジング）・ストア」のことである。日本ではこの GMS を特別な意味で使う。大型店のうち食品スーパーとか小型のスーパーなるものと区別して食品、非食品の幅広い商品を売る量販店のことを言うようである。その場合、食品中心のスーパーを SM といったり

する。SMというのはスーパーマーケットである。SMというのはアメリカで言う本来のスーパーマーケットであり、GMSはその食料品や日用雑貨に加えて衣料品や耐久消費財など考えられるあらゆるものをひとつの建物の中に詰め込んだものである。GMSとSMの区別は業界用語のようでもある。

それはアメリカで言うGMSとは似ても似つかない。どうしてコンビネーション・ストア（CBSか）とかハイパーマーケット（HPM）と言わなかったのだろうか。答は簡単である。日本でスーパーなるものが勃興し、それは店舗の巨大化を進めて総合スーパーとも言われるものが出てきた時にまだ、コンビネーション・ストアとかハイパーマーケットなるものは知られていなかったからである。

1960年代から70年代にかけてアメリカにはディスカウンターであり、チェーン・ストアであって総合的な品揃えの小売業がさん然と輝いていた。それがGMSであった。だから、GMSという言葉を取り入れたのである。

1970年代、私は当時勤めていた研究所の海外視察でアメリカへ調査に行ったものである。その後、都合7〜8回は行ったと思う。ヨーロッパに2度ばかり行ったがその年を除いてはアメリカ視察だった。毎回の調査団の視察テーマは異なっていたがいずれも流通調査であり、調査のテーマによって視察先は変わったがどういうわけかシアーズ・ローバックという小売業には必ず行った。

1970年代から1980年代というのはシアーズ・ローバックという小売業が全盛の時代である。世界最大の小売業、アメリカを代表する小売業だった。シアーズ・ローバックを見なければアメリカの小売業は語れない、という時代だった。アメリカでは「シアーズッ子」という言葉があったという話を聞いた。アメリカの普通

の家庭の子供達は上から下までシアーズの商品で飾り立てているということだろうし、家に帰るとエアコンだの洗濯機だの家庭にあるものの多くはシアーズで買ったものだから子供達の身の回りはシアーズだらけだというわけだろう。シアーズで育ちシアーズで成長するというわけである。

　事実、シアーズはいたるところでそのお店を見ることができた。ダウン・タウンの真ん中に百貨店のようなお店があったし、郊外のショッピング・センターに行くとキーテナントとしてはいっているというのが普通だった。ショッピング・センターのシアーズはこぎれいな2層型のものが多かった。このシアーズ・ローバックがゼネラル・マーチャンダイズ・ストア、つまり GMS と言われた小売業だった。

　GMS 全盛のころでシアーズのほかに J.C. ペニーとモンゴメリー・ワードが御三家と言われていた。J.C. ペニーのお店もよく見た。本社や流通センターを訪問したことがある。それから当時はバラエティー・ストアだと言われていたウールワースが GMS に分類されるようになった。念願の GMS 化が実現したのだろう。

　こうした GMS は1970年代の後半にはバラエティー・ストアだのメール・オーダー（通信販売）だのからスタートし、総合化を進め、チェーン形式の GMS になっていた。同時に彼らは総合通信販売業としても有名であった。アメリカ視察の帰りには鞄のなかに電話帳のような分厚い通販カタログが入っていた。今でもこのカタログは私の研究室の書棚の奥にあるはずである。シアーズ、ペニー、ワードのカタログが並んでいるはずである。この GMS だが旅行案内の本には「シアーズという百貨店が……」とか「J.C・ペニーという大衆百貨店が……」と書かれていたものである。どうも、一般では GMS というよりも大衆百貨店という方が

妥当だったようである（百貨店とは本質的に異る。GMSは量販店である）。

実際に品揃えから見ると6階建ての店舗ビルの場合、1階が化粧品、小物など、2階が婦人衣料、3階が子供衣料、4階が紳士衣料、5階に電気製品や家具、6階が旅行用品などという構成である。これだと日本人が考えている百貨店と同じである。ただ、食品売り場というのは存在していない。GMSは食品を扱わないのが普通である。もっとも、アメリカの百貨店も食品は扱わない。

ただし、百貨店の場合、一部には食品も扱っていた。私はある百貨店に食品売り場があってもの珍しく見た経験がある。イギリスやフランスの百貨店でもお菓子だの高級加工食品を売っていたのを見たが日本の百貨店のように生鮮食品まで含めて主要な扱い品として食品を売ることはまず行わない。もっとも、最近の日本のデパ地下ブームを参考にして欧米の百貨店も同じようなことをしようという動きもあるそうだが。

このGMSは私が視察を始めた初期の頃は衣料品はメイド・イン・ジャパンがほとんどだった。アメリカを代表するというのでシアーズでおみやげを買って日本に帰ってみたらすべて日本製だった、という話をよく聞いた。それがいつの間にかメイド・イン・コリアやメイド・イン・タイワンになった。その後は中国製、シンガポール製になったという。

2　凋落のきざし

そのGMSだが1980年代後半から急速に凋落し始める。単純に言うなら現在、世界一を独走するウォルマートやKマートやターゲットなどという総合ディスカウント・ストアが台頭し、それに消費を食われたからだということになっている。しかし、本

当はその裏にある社会環境変化を考えるべきであろう。

アメリカではこのころから急速に階層分化が始まっていたのである。そのために次第に上方に移行する消費者層は百貨店や専門店を利用するようになり、下方に移行する層はディスカウント・ストアに移っていった。GMSの市場が小さくなっていったのである。専門ディスカウンターも勢力を伸ばした。悪いことにシアーズやペニーやワードといった企業のもうひとつの事業というか業態である総合通信販売にも同じようなことが起こった。

これは総合通販（ゼネラル・カタログ）という業態だと言われるがこの頃から専門通販（スペシャル・カタログ）企業が成長してきたのである。総合通販の多くの部分が専門通販に移っていた。かくしてGMSの各企業はリストラや整理に入り、規模を縮小し、業態として衰微していったのである。2004年のアメリカ小売業ランキングではシアーズが9位、ペニーが16位である。いずれも前年に比べて順位を落としている。ニューズウィークのGlobal Best 2007では小売分野でシアーズは7位、ペニーは12位であり、ワードは消えた。

ただし、これ以外に専門小売業ランクとネット小売り・カタログ販売があってそこにはシアーズより売上げの大きな小売業があるからシアーズは10位程度、ペニーは15位くらいになる。シアーズの年商はトップのウォルマートの7分の1か8分の1である。かつてシアーズが断トツで独走していた時代が夢のようである。

日本でも同様なことが起こりつつある。かつて1990年代まで日本を代表する小売業はスーパーで始まり、総合スーパーとも言われたGMSを展開する企業であった。かつて日本でもビッグ5ということが言われた。ダイエー、西友ストアー、イトーヨーカドー（現・セブン＆アイ・ホールディングス）、ジャスコ（現・

イオン)、ニチイ（現・マイカル）である。これにユニーを入れてビッグ5プラス1か。

しかし、ダイエーは経営危機となりイオンの傘下に入った。マイカルも同じである。西友ストアーはウォルマートが支配下に置き、近ごろ完全にウォルマートに買収されようとしている。つまりセブン＆アイ・ホールディングスとイオンの2強時代を迎えてしまったのである。といってもGMSとしてのイトーヨーカドーとイオン・ジャスコが健在というわけではない。セブン＆アイは傘下のコンビニエンス・ストアであるセブン－イレブンとイオンの場合は地方の郊外に出店するショッピング・センターのおかげである。また、両者ともに傘下の食品スーパーがかろうじて頑張っているからである。

GMS、総合スーパーというものはこのところ慢性的・構造的不振に陥っているのである。GMSというのは総合的な品揃えで、低価格帯においてディスカウント・プライスで販売を行うチェーン形式の量販小売業である。

日本の場合もアメリカと同じようなことが起こっている。食品については専門スーパーや高級スーパーに押され、衣料品はユニクロなどのSPAとか専門ディスカウンターに押され、家具や雑貨も専門ディスカウント・ストアに押され、日用品はドラッグ・ストアやホーム・センターに押されるのである。高級品とか高価格帯の商品という品揃えははなから存在しないし、今さら置いても百貨店にかなうわけはないし、店舗イメージから言っても無理である。つまり、GMSは品揃えの多くの部分は他に食い取られて成り立たなくなりつつある。日本でもアメリカでも巨大なるGMSは30年か40年の間、小売業の王者に君臨し、ただちにその地位から落ちていった。これはどう理解したら良いだろうか。

3　大型哺乳類の絶滅

　多くの人はわれわれ人類が属する哺乳類は約6500万年前までに大繁栄していた恐竜がどういうわけか突然に絶滅した後に登場したと思っているらしい。しかし、それは違う。進化の過程においては魚が陸に上がっていって今で言うイモリやカエルの仲間の両生類を生んだ。両生類から今でいうトカゲやヘビやワニの仲間の爬虫類が生まれ、その爬虫類の中から恐竜たちが生まれた。実は両生類から同時に哺乳類も生まれているのである。

　爬虫類と哺乳類は約2億2000万年前にほぼ同時に生まれている。したがって6500万年前の恐竜の絶滅まで哺乳類と恐竜は同時に存在していた。恐竜は1億5000万年にわたって繁栄していた。では、最初の哺乳類とはどういうものであったろうか。今後、どういう化石が発見されるかわからないが今のところはアデロバシレウスという体長10センチ足らずのモグラのような形のものであるらしい。

　最初の哺乳類は小型であり、虫を食べているさえないケモノであった。そして、地上の覇者が恐竜になったことによって哺乳類は恐竜から身を隠し、夜行性となって細々と暮らしていた。そもそも恐竜が大発展した理由にはいろいろな説があるが二足歩行をし、直立型になったことを上げる人がいる。今の爬虫類や両生類のように足が体の横について胴体を地面につけて動く形をとると行動は鈍く、行動範囲も狭い。

　しかし、二足歩行ができ、直立型になると行動は素早く、継続的に遠距離の移動が可能になる。それだけ餌を採る範囲も広がり、それを実現した恐竜などは大きく発展した。哺乳類は弱体だから本来は恐竜などに食われてしまうだろう。そうでありながら

生き続けたのは二つの資質を獲得したからであろう。ひとつは夜行性であるということ、特に虫を食べるというのはそれに適していたろう。もうひとつは子供を体の中で成長させてから生み、お乳をやることである。これで少なく生んで大切に育てることが可能になった。卵で生むとこうはいかない。卵生の場合はきわめて歩留まり率が悪い。また、臼歯という歯を得たために食性が広がったこと、特に植物の摂取、栄養補給が効率化したことも上げられる。とにかく哺乳類は恐竜などと共に6500万年前までどうにか生き続けた。

　ここで恐竜の絶滅が起こる。これは後述する。かくして哺乳類の大発展が起こり、現在に至るのである。その結果、どういうことが起こったのか。多くの種が誕生したと同時に極端な大型化が起こったのである。1995年の3月から5月まで国立科学博物館と読売新聞の主催で「絶滅した大哺乳類展」という特別展が開かれた。

　ここで展示された化石によると驚くほど大きい哺乳類がいたことがわかる。インドリコテリウムというサイの仲間は史上最大の陸生哺乳類で肩の高さが4.5メートル、体長は7.5メートルだという。オオツノシカというシカの仲間の角は最大3メートルを超え、その重さは40キログラムだったという。当然それを支える体もでかい。現在のアメリカやヨーロッパのバイソンの先祖に当たるステップバイソンというのは肩高2メートル、体重は2トンにもなったという。ナマケモノの仲間のメガテリウムというのは何と体長が5〜6メートル、体重は3トンになったというし、今のアルマジロやセンザンコウのようなグリプトドンは体長が2.5メートルもあったという。

　こういう想像もできない哺乳類が生まれていたのである。ただ

し、史上最大の哺乳類は現存している鯨である。その中で最大のものはシロナガスクジラで体長は20〜30メートル、最大で33メートル以上のものがいて体重も160トンにもなるというがこれは棲息場所が海となり、陸上とは棲息環境がまるで違うから論外とする。

いずれにして陸上の超巨大哺乳類は恐竜たちがいなくなってから登場し、それらは更新世（160万年から1万年前）にすべて絶滅した。現在の陸生最大の哺乳類はアフリカ象であって体高は3メートル、体重は5〜6トンである。絶滅した期間は2万年前あたりの1万年くらいの間で、多くの大型哺乳類は絶滅した。なぜ、短期間にこれらは絶滅したのだろうか。実はこの時期は氷期が終わったころである。温暖化が進行したのである。この時期は人類が拡散し始めた時期であるために人間が大型哺乳類を取りつくしたという人もいるがどうもそれでは根拠が薄い。いずれにしても環境が変わったのである。

ある環境に適応し、そこに餌が豊富にある場合は大型化した方が有利である。大型の方が他よりも強い。また、こういうこともある。1847年にJ.C.ベルクマンというドイツの動物学者が唱えた「ベルクマンの法則」というものがある。同種の動物の場合、寒冷地に棲息するものほど体が大きくなるというものである。それは体重に対する体表面積の割合が小さくなり熱放散が少なくなるからだというのである。体を大きく丸々とさせた方が寒さに強い。特に氷期ではそうである。

4　小型が有利か

いずれにしても体が大きい方が有利なのである。しかし、環境が変わって従来の餌の確保が難しくなった場合、体が大きいとい

うのは致命的である。では、体を小さくすればよいかというとそうはいかない。同種の中で体を小さくしてしまうと、餌を確保する競争に個体的に負けてしまう。つまり、変異としてからだが小さくなったものが登場してもそれは生き残れないのである。いったん体を大きくした以上、同じ種のままでその体を小さくすることはできず、大きいままだと環境変化の中で餌の確保ができないこととなる。

環境変化に対応できない状態が発生するとこういうことから絶滅が起こるのである。もちろん、小さいものも環境変化に対応できない可能性もある。しかし、小さい方が対応力はあったのか。これらも影響を受けたのだろうが恐竜の場合は小型のものが生き残った。それが現在の鳥類だという。鳥は恐竜が進化したものである、といわれる。

大型恐竜絶滅の時に小型の恐竜は生き残った。小型のものほど、環境への対応が可能なのである。哺乳類はこの時、小型であったから生き残り、その後、大発展し、大型のものを生んだ。繰り返しである。環境の突然の変化は大型のものほど、それによって受ける影響は大きい。GMSこそ、大型哺乳類であり、恐竜であるのかもしれない。

GMSは消費において巨大な中間層が生まれてきたことによって生まれ、成長した。いったん、大きくなり始めるとそれは止まらない。ひとつはGMS間の競争に勝つためである。大きさの勝負となる。また、大きくなり種類の多い衣料品などを扱い始めると大きさを維持するためにどんどんと扱い品を増やしていく。スクランブル・マーチャンダイジングというわけである。

こうなるといかに量販店といえども一品あたりの平均の売上げも粗利益も小さくなる。かろうじて大きな体を維持するというこ

とになる。そのために更に大きくする以外にない。そこに環境変化が起こる。中間層の崩壊である。中間層が崩壊し、上下に分離し始めたためにGMSはその体を維持するための市場が小さくなっていく。

　ではどうするか。同じ業態の中で規模を縮小すれば他のGMSに食われてしまう。大きくしていく以外にない。それ以外に方法はない。それは環境への不適合となる。

　日本の場合も同様である。1950年代から1980年代頃まで日本では急速に中間層をふくらませてきた。「1億総中流時代」である。日本のGMS、総合スーパーはこれによって成長した。中内㓛氏の「価格破壊」として知られる流通革命はこのことを示している。しかし、やがて、日本でも中間層の崩壊が始まった。というよりも均質と思われていた巨大な中間層が実は「マルキン・マルビ」という流行語で知られるように上下に、また「分衆」という言葉で知られるようにいくつかに別れ始めたのである。

　いくつかに別れた市場は専門店、専門スーパー、専門ディスカウント・ストア、更にはコンビニエンス・ストアに奪われていく。新規に出店する場所もすでに飽和となっていてない。では縮小をするか。これも競争上できないだろうし、必要エネルギーが大きい（固定費が大きいこと）ためにある売上げを維持していかねばならない。更に巨大化することも市場がなくなりつつあるために無理である。

　GMSは環境変化に対応できないがそれは巨大化したためであろう。大型化は環境が変わらない場合は強みとなるが環境が変化すると弱みとなる。これに適応できるのは新しい種（業態）であろう。同じ業態で生き残るのは難しいのである。これは業態のライフサイクル論でも言うことである。

SPA は失敗の進化か

1　ユニクロと GAP

　SPA という業態がある（という）。妙な名前だがひとつの業態として語られることが多い。その SPA であるがいったいどういうものを言うのだろうか。温泉みたいな名前であるが温泉とは一切関係ない。S はスペシャリティー・ストアのこと、専門店というわけである。P はプライベート・ブランド（レィベル）のこと、小売業の自社オリジナル・ブランドというわけであろう。A はアパレル、つまり衣料品である、変な英語であるがこの三つを組み合わせたものと考えれば良い。

　早い話が自社の独自ブランドのみを扱う衣料品の専門店ということである。それでも何となく漠然としている。そこで代表的な SPA の小売店を上げてみるとわかりやすい。西の「GAP」に東の「ユニクロ」である。西東といったがそれは GAP がアメリカ生まれであり、ユニクロが日本生まれであるという意味であって現在では両者ともに世界のあちこちに店舗展開をしている。

　SPA が大いなる話題となったのはユニクロの快進撃故であろうか。ユニクロというのは店の名前であってそれを展開しているのは「ファーストリテイリング」という会社である。1963年に山口県で設立された。実際は1949年に宇部市で「メンズショップ小郡商事」という個人営業の衣料品店としてスタートしている。ま

あ、地方都市の洋服屋さんといったわけであるが1984年にユニクロというお店を広島に開業し、1985年に下関にロードサイド・ストアを開いた。ここからユニクロの快進撃が始まる。

ロードサイド・ストアというのは1980年代になって、突然、現れた。それはモータリゼーションが本格化してきたことによる。本来、小売業は集積するものである。それが商店街である。ひとつの場所で必要なものがすべて買えるというのがポイントであり、それをワン・ストップ・ショッピングというわけであるがこれは買い物を徒歩なりバスや電車で行う場合は小売店は集積していなければならない。

ところが買い物やその他の行動が自家用車で行われるようになるとこのワン・ストップ・ショッピングの概念が変わってくる。住宅地から30分以内の郊外の幹線道路沿いにお店ができると買い物行動が変わってくる。休日など昼間は家族で郊外の公園に行き、夕方から改めて車で出かける。

まず、ヘルスセンター型のスーパー銭湯へ行き、汗を流し、大型ファミリーレストランに行って食事をし、その後は本屋さんやおもちゃ屋さんや服屋さんに行き、その間、お父さんはパチンコ屋さんで時間をつぶし、お母さんは食事の材料を買おうとしてディスカウントの肉屋さんに寄る。帰りに散らばっている家族を拾って車で帰宅する。こういう生活パターンができて来るわけである。

これらのお店は散らばっている。集積していない。しかし、大型の無料駐車場を持ち、それぞれの店の間が車で5分程度しか離れていないとしたら、そして、駐車がいつでも自由にできるとしたら、それは消費者にとってワン・ストップ・ショッピングなのである。自家用車での家族行動がワン・ストップ・ショッピング

の形を変えたのである。

　ロードサイド・ストアはこうした消費行動変化に合わせて生まれてきた。都市郊外の幹線道路に沿って作られる。市内に比べて郊外は地価が格段に安いから広い土地に大型店舗を作り、広い売り場に、あるカテゴリーの商品を豊富に陳列する。大きな駐車場を作る。こうしてロードサイド・ストアなるものは急速に生まれてきた。しかし、ロードサイド・ストアというのは立地を言うものであり、何をどう売るかということとはあまり関係ない。あらゆる業種にロードサイド・ストアは生まれてきたのであるからロードサイド・ストアというだけではひとつの業態とは言えないだろう。

　ただ、ロードサイド・ストアは二つのことでその後の小売業界に大きな変化をもたらした。ひとつはロードサイド・ストアからそれをチェーン化し、専門ディスカウント・ストアとなる業態を発展させていったことである。専門ディスカウント・ストアはそれ以前からカメラ屋さんや時計屋さんや家電屋さんの業界では存在していたが多くの業種にわたって生まれてきたのはロードサイド・ストアからである。そして、その中から大都市内に進出して都市郊外と都市中心地の双方に幅広く多店舗展開を行うものが登場したのである。その代表が「洋服の青山」やユニクロである。

　もうひとつが今、日本中に旋風を巻き起こしている郊外型ショッピング・センターの登場である。イオンがその代表であるが総合型GMSの店舗を置き、多くの専門店や飲食店やそのほかのものをそこに入れて大型駐車場を持った一大ショッピング・パークを作るのである。百貨店さえ入れてしまう。

　これによって致命的打撃を受けたのが中心市街地商店街である。特に地方都市においてこの影響は大きい。車で30分から１時

間程度の時間距離による半径の中では地方の場合、複数の都市が含まれ、商圏人口は数十万人にもなる可能性がある。これで根こそぎ消費者を奪ってしまう。

「車に乗れないお年寄りの買い物はどうなる」などということを言う向きもあるがそんなことは問題とならない。イオンでは近隣の市内からこのショッピング・センターに無料のシャトルバスを運行し始めた。お年寄りや車を持たない人は市内の近くにある停留所で午前11時のバスに乗る。ショッピング・センターに行き、食事をし、休憩をし、買い物をし、無料の娯楽を楽しみ、昼寝をして午後3時か4時のバスに乗ると市内に届けてくれる。

「この方が買い物車をゴロゴロと引き、店の間を歩き回り、トイレや休憩所も満足にないところに行くよりはるかにいいはずだ」とイオンの人は言っていた。現在では郊外のショッピング・センターと中心市街地の戦いは地方の場合、勝負はついたと思われる。今は郊外の大型ショッピング・センター間の勝負となっている。

これもロードサイド・ストアから始まったといえる。

2　オリジナル・ブランドと小売業

さて、ファーストリテイリングという会社が展開するユニクロは1996年に自社企画商品を中心とする方針を固め、1998年に1900円のフリースで大ブレークする。このフリースを中心とする商品はすべて中国で作らせ、今ではベトナム製もあるがすべての商品が東アジア製である。

ファーストリテイリングという会社はグループを構成していてユニクロ事業8社、衣料品関連事業が12社程度ある（2007．8．2現在、ホームページによる）が小売業態らしきものはユニクロだ

けである。あとは企画会社や調達会社や海外事業の会社である。唯一というわけではないが小売業態はユニクロひとつだと言ってよいだろう。ユニクロはユニクロであってSPAとは言っていないがSPAの言いだしっぺはGAPである。GAPは1969年にアメリカのカリフォルニア州サンフランシスコに開業したたった1軒の洋品店でスタートしている。ユニクロ同様、遅く出てきた衣料品専門店である。それが今では世界中に店舗展開しているのだからユニクロと同じ急成長企業だといえる。日本には1994年に登場している。

　まあ、会社の説明はこれくらいで良いだろう。両者ともにお店の名前もすべての商品のブランドもユニクロであり、GAPである。もっとも、GAPはユニクロと違ってグループに「バナナ・リパブリック」という小売店も持っている。バナナ・リパブリックもSPAであると言えるかもしれないが値段の点でそうではないという説もある。

　ユニクロとGAPには決定的な違いもある。買った人がユニクロはそのブランドを隠したがるのに対してGAPはそうではないということである。したがって、ユニクロの場合、買った人が着た時にユニクロのブランド・ロゴやブランド・タグは一切見えないようになっているがGAPの場合はトレーナーやウインド・ブレーカーなどに着た時に背中や襟にGAPと大きくプリントしてあったりする。ただ、最近の若者は「GAPじゃ恥ずかしい」などと言ったりするが。

　GAPの顧客は比較的若く、キッズ専門の店作りや商品があったりする。一方、ユニクロは中高年に結構人気があり、休日には中高年夫婦が品さがしをしている姿をよく見かける。

　まあ、これは会社としてのイメージ作りや対象顧客設定の違い

であろうからSPA論とは関係ない。GAPとユニクロがSPAの代表だといわれるが最近ではSPAの分類されるという小売業が増えてきている。「ユナイテッド・アローズ」とか「シップス」などである。これらは洋品店であるがこの他に「フランフラン」や「無印良品」を加える場合がある。これだとSPAのAが意味をなさないが広く解釈してそう言うのであろう。

　いずれにしても店の名前と商品のブランドが一致し、すべて自社のオリジナル・ブランドだけで商売をしていることがポイントとなっている。そうすると「そういうお店は昔からあった。老舗のお店に多いぞ」という人がいる。確かにそうである。奈良の「古梅園」とか京都の「一保堂茶舗」とかである。比較的新しいものでは最近、跡目相続争いで話題になった京都の「一澤帆布」などでもあるし、日付け問題の伊勢の「赤福」などもそうである。東京の下町を歩くといかにも由緒ありそうな専門店をいくらでも見ることができる。横浜の元町にはハマトラ御三家の「ミハマ」「フクゾー」「キタムラ」がある。こういう老舗の専門店は日本中どこにもあり、地元では非常なる信頼を受け、有名である。最近の風潮でこれらの老舗の中にはあちこちに支店を出したりするものがあるが基本は個店である。

　こうした専門店では扱い商品をすべて自社のオリジナル商品としているところとそうではなくすぐれた選択眼で仕入れをしてきたほかにはないような商品を扱っているところがある。考えてみると商品を仕入れて売るというよりも自分で作ったものを店で売るという方が歴史的には古いと思われる。これらを現在の商業統計では「製造小売業」としたりしている。

　今、中高年の人たちが子供のころは町に製造小売業というものがたくさん存在していた。パン屋、お菓子屋、惣菜店、風呂桶

屋、洋服屋(テーラー)、靴屋等々である。しかし、現在ではこのような製造小売業は一部の工芸品とか高級品を除いては消えていった。大量生産品に駆逐されたのである。したがって、残っているのは超高級品でイメージの高いお店あるいは細々と商いをしているところに限定されている。

しかし、老舗あるいは老舗風の専門店は観光ブーム、地方ブーム、グルメ・ブーム、セレブ・ブームに乗って有名になり、客が山ほどやって来る。こうした専門店の扱い商品はおおむね自社のオリジナル・ブランドである。奈良の(京都にもある)墨の専門店の「古梅園」では自社の工場で墨を作っているがその他の紙だの筆だのはどこかに委託生産をしているのだろう。しかし、ブランドはオリジナルとなる。ただ、オリジナルといってもすべて共通ブランドではなく、店名はつけているが商品ごとに名前をつけている。したがって統一ブランドではない。

私は横浜元町の「ポピー」という有名な衣料品店でポピーの名前のシャツを買ったことがあるが同時にアクアスキュータムのコートも買ったことがある。こういう老舗の専門店はブランドをすべて同一にしたり、たとえ委託生産でも自社企画で自社オリジナルであってもSPAとは言わない。

3 ブランドのリスク

そもそも、業態という概念が生まれたのには流通革命というものがその背景にある。その基本は量販である。同一種の商品を大量に販売する、そのためにチェーン形式で多店舗展開を行う、ということがベースにある。老舗や老舗風の専門店は量販店ではない。特定の消費者に対して特定の事情の中で販売が行われる。量販を行うためには不特定多数の消費者に対して1年を通して多く

の店舗の総計で大量の販売するのである。量販を希求しない小売業は普通のお店が一般店、有名な老舗のお店が専門店といわれる。これも一種の業態だと言えば言えるのだろうがそれではあまりに一軒一軒が違い過ぎる。だから、普通は業態とは言わない。特定の専門店だけをとって専門店という業態だとすることもある。理由は英語でスペシャリティー・ストアという言葉があるからである（？）。そこここにある八百屋や菓子屋や雑貨屋や洋品店や自転車屋をまとめて言う英語の言葉はない。

　したがって、GAPやユニクロのような小売店はSPAという業態だというのはそれはそれで正しい。今は本人は何と思おうがSPAという業態に進出しようとする小売業は多い。中にはアパレル・メーカーが自らSPA展開をしようという例もある。こうした業態が生まれたひとつの理由に人件費の安い発展途上国で生産を行うことができるようになったということがある。

　これは一昔前から言われた「開発輸入」という方法である。こちらで仕様を決め、生産の指導や訓練も原料の確保まで含めてこちらで行うのである。そうでないと向こうで生産したものを仕入れるというのでは品質維持、標準化、量産ができないからである。それをこちらですべて決め、基準を作り、現場の生産活動のみを向こうで行うのである。

　こうなるとブランドや仕様だけでなく、委託した生産の量についてもこっちが責任を負う必要がある。これはメーカーの機能であろう。メーカーは自社のブランドについてはすべてに責任を負っている。

　ここから問題が生まれる。メーカーの場合、ブランドと生産についてはすべてのリスクを持つものである。しかし、メーカーには販売チャネルの選択という自由が存在する。現状で都合が悪く

なれば販売チャネルを変えることはできる。その分は自由である。メーカーは商品については全責任を負うこととなるが販路についてはフレキシビリティーを保有する。一方、小売業は店舗や売り方についてすべての責任を負うが商品については仕入れの自由を持っている。環境変化などで現在の商品が売れなくなればそれが仕入商品であるかぎり、その商品の仕入れをやめ他の商品にすればよい。小売業は仕入れという自由度を保有しているのである。この仕入れの自由度というのは本来、小売業の基本的条件だったろう。

　これがあるからこそ、小売業なのである。もともと、小売業というのは自店で売る商品については自ら選択するという条件を保有していた。それがいつのまにか仕入れを問屋に依存するようになってしまった。これは個人によるお店の経営という商売の方法をとらざるをえなかったからである。店の主人が座売りとして販売を行う場合、主人は店にいなくてはならない。そうなると仕入れに出かけ、商品を探している余裕はなくなる。仕入れのすべてを問屋に依存してしまう。今でも個人経営の骨董屋さんは時々、店を閉めている。商品を探しに出ているからである。骨董品は目利きが必要である。主人以外に商品を仕入れのために探すことのできる人はいない。また、店番も主人がしなければならない。常連や目利きの客の相手をして値段を決めることのできる人はいない。となるといつでも店を開けておくわけにはいかないだろう。店番を誰かに頼んでおいても値決めや商品説明をうるさい客にするわけにはいかない。仕入れと販売を一人の人が行うことは至難である。だから、仕入れを問屋に依存してしまうのである。これで大型店と競争するというのは無理というものであろう。仕入れこそ、小売店の命なのである。商品選択の自由である。だからこ

そ、小売店の商品選択の自由は大事にしなければならない。

SPAはこの商品選択の自由を放棄し、自ら商品作成の機能をとり入れてしまった。SPAがひとつの業態とするならそれはきわめて発展し、進化した業態と言えるだろう。しかし、進化というのは従来持っている機能をそのままにして新たな機能を取り入れることがいかに難しいかを示す。

4　失敗の進化史

遠藤秀紀という人が興味深い本を書いている。『人体失敗の進化史』という本である。この中で遠藤氏はこういうおもしろいことを言う。「いま見られるヒトや動物の身体といえども、厳しい進化をやっとのことで生き抜いてきた小さなパーツから成り立っていることをまず確認してみたい。往々にして、それらは設計変更や勘違いやミスや失敗や偶然の重なりの上に出来上がっていることが普通だ。そしてその各部分が、一億年とか三億年とか五億年とかいう、それなりの時間を引きずる、成れの果てなのである」。遠藤氏は「遺体科学」なるものが専門である。人や動物の解剖を行い、体の歴史の研究をしている。そこから「進化の設計」ということを言い、それは決して設計図が最初からあってそれに従って進化してきたのではない、ということであって偶然とか無理をして今のような形になったのではないかというのである。

これを鳥の羽についていう。大昔から私たち人間は鳥を見て「羽を持って空を飛ぶこと」を夢見てきた。それが具体化したのがライト兄弟による飛行機であるがその一方で西洋ではエンジェル（天使）だの天馬だのを生んだ。日本でも烏天狗はそのよい例である。しかし、そこで考えられるのは人や馬という動物がいて

それに直接羽をくっつけるというものである。4本の手足はそのままである。この羽はいったい、誰がくっつけてくれたのだろうか。神様ならできるかもしれない。しかし、科学でいうならどだい無理な話である。それはわれわれと同じ脊椎動物である鳥を考えてみればよい。鳥はどういう進化の設計かわからないが恐竜が羽を持つことによって生まれた（らしい）。ではどこから羽を持ってきたのか。神様がくっつけてくれたのか。そういうことは考えられない。羽の軸になったのは両手である。両手を伸ばした形が羽を伸ばした形である。羽の表面は皮膚が変化した。ここで鳥は両手を失っている。しかし、それだけでは飛べない。羽をばたばたとさせて体を空中に浮かせるには二つの条件が必要である。

　ひとつはきわめて強力に羽を羽ばたかさせねばならない。そのために筋肉を強化する。巨大な浅胸筋（胸肉）を持つ。この重さは体重の10％にもなる。この内側に深胸筋がある。これはササミであるから更に大きく、重い。この二つは胸骨という胸の骨の塊と、腕の骨の間を結んでいるものであり、羽を振り上げ、振り下ろすためにこの強力な筋肉が必要なのである。強力であるために大きく重い。ところがここに問題が生まれる。鳥が翔ぶためには体重が軽くなくてはならないのである。

　コンドルという大きな鳥がいる。大きなものでは全長が1.3メートルくらい、羽を伸ばす（翼開長という）と2メートルを越える。ところが体重は20キログラム程度である。これは中型の犬程度である。牛や馬、カバやゾウが羽を持って空を飛ぶためにはどれだけの大きさの羽が必要でどれだけ大きな胸の肉が必要か。とてもダンボのような形になるわけはないし、理屈の上で不可能なのである。だから鳥は体を一生懸命に軽くしようとした。必要な胸の筋肉以外の筋肉は省略するか申し訳程度とした。鳥を食べ

ようとすると胸の肉と足のつけ根しかない。次に骨である。そこで多くの骨を固めてひとつの塊とした。そして、骨は中空として軽量化を図った。

その結果、鳥は空を飛ぶことができるようになったがそのかわりに多くのものを失っている。手がなくなったし、敏速に走ることができなくなった。また、骨が塊化し、省略されたために哺乳類のように柔軟な動きができなくなった。また、体はもろく、物的ショックに弱い。徹底的に軽量化した飛行機の如くである。また、翔ぶことは大きなエネルギーを必要とするために想像以上に餌を得なくてはならない。言ってみれば一日中餌を探している。餌を獲得するために生きているという具合である。進化とはこういうものであろう。体を地面につけている爬虫類や両生類は耳がないか貧弱である。骨伝導とも言える地面についている体で音を感じることができるからである。しかし、これでは足が体の横につくことになり、動きがきわめて悪い。そこで足を地面に対して垂直につけると動きは敏捷になるがそのかわり、体が地面から離れて音を感知できなくなる。そのために高性能の耳が必要となる。しかし、耳は羽と同じように誰かがくっつけてくれるわけはない。何らかの工夫で耳を作る。耳には鼓膜、耳小骨、内耳のリンパ装置が必要となる。そこで顎の骨を持ちあげて耳のシステムとする。そうすると今度は物を噛むための顎が使い物にならなくなる。それをまた、どこから何かを持ってきて員数合わせをする、というわけである。こういう形で進化は行われている。つまり、何かを獲得するために何かを犠牲にしているというわけである。これが自然の摂理というものであるとしたらSPAにもそれは適用されるのかもしれない。

SPAは小売業の持つ、状況状況に合わせて商品を仕入れてくる

という機能を捨て代わりに多大な投資を必要とする商品企画とブランドと店舗という機能を複合化させて手に入れた。その代償は何かの脆さというものであろう。脆さと危うさを持った小売業態がSPAだといえるかもしれない。しかし、それがいけないというものではない。鳥も大きな犠牲を払って空を翔ぶようになり、今、繁栄している。

ウォルマートは恐竜か

| 1 | スーパーセンターへ |

　1962年、アメリカ合衆国アーカンソー州のロジャースという町に1軒のお店ができた。後に世界最大、それも断トツの大型店となるウォルマートの1号店である。店主はサム・ウォルトンという後に歴史的人物となる人である。といってもまったく新しく開業した店というわけではない。サム・ウォルトンはもともと、ミズーリ州の出身だったようである。子供のころから商売が好きだったらしくミズーリ大学を出て当時の小売業としてのビッグ・ビジネスであったシアーズ・ローバックとJ.C.ペニーの2社の勧誘を受け、J.C.ペニーの方に入社する。これが小売業に身を置く第一歩だった。

　ペニーには1年半勤めたらしいがその後、軍隊に行き、27歳の時にアーカンソー州ニューポートというところにあったベン・フランクリンというバラエティー・ストア・チェーンの一軒のフランチャイズ店を買ってウォルトンのいう雑貨店であるお店を経営し始める。これがウォルマートの基礎となる。ペニーでお店の経営を、ベン・フランクリンでフランチャイズ・プログラムの勉強をしたわけである。

　32歳の時にこのベン・フランクリンの店を売却し、アーカンソー州ベントンビルに新しいお店を購入し、開業した。そして、

これが成功したことによって新しくロジャースに希望のお店、ウォルマートを開業したわけである。J.C.ペニーは当時は GMS（ゼネラル・マーチャンダイズ・ストア）として有名になっていたがもともとは10セント・ストアである雑貨店であったし、ベン・フランクリンは雑貨を主体としたバラエティー・ストア・チェーンであった。サム・ウォルトンはバラエティー・ビジネスの中で商売をやって来たのである。

ウォルマート1号店もそのビジネスの中にある。ここからウォルマートの快進撃が始まる。その後の展開については山ほど資料があるのでそれに詳細は譲るとして簡単に現在までの流れを記しておく。ウォルマートとしての会社の設立は1969年である。バラエティー・ビジネスであるがそれをディスカウント・ストアとして展開し始めるのである。

もともと、ディスカウント・ストアという業態はユージン・フォーカフという人が1948年に始めた「(E.J.) コーベット」というお店であるがこれはカバンの安売店としてスタートし、後に百貨店と雑貨店を合体させたような SSDDS（セルフ・サービス・ディスカウント・デパートメント・ストア）なるものに仕上げている。その後、朝鮮戦争以後であるが多くの分野でディスカウンターが登場し、猛威を振るった。ただ、ディスカウント・ストアは家具・家電などのハード・グッズと衣料品や雑貨といったソフト・グッズにしぼり込んだものを言い、ディスカウンターは1930年代前から生まれてきたスーパーマーケットやその後の主役となる GMS、更には医薬品を中心としたドラッグ・ストアなどである。

ディスカウンターというのは小売経営の方向性（思想）を言うものであって、ディスカウント・ストアは業態であるとして分け

る考え方もある。いずれにしてもウォルマートはディスカウント・ストアの方向を狙ったのである。ウォルマートはロジャースでの成功を基盤として全米に（それも田舎を中心に）店舗を展開していく。1993年にはそれまで小売業のトップを走っていたシアーズ・ローバックを売上げで抜き、全米一の小売業となり、2002年には石油メジャーのエクソン・モービル社の売上高を越えて世界最大の民間企業となった。1983年には「サムズ・クラブ」というアウトレット店を開き、1988年にはそれまでの日用雑貨に加えて食料品販売を始め、ディスカント・ストアとスーパーマーケットを合体させた新業態の「スーパーセンター」なるものを開発した。

　これがウォルマートの業態となる。海外にもさかんに進出し、海外に1500もの店舗を持ち、アメリカ国内では4000に近い店を持っている。ただ、現在ではいくつかの問題を抱えているといわれる。ヨーロッパではドイツ、イギリス、フランスなどでは以前から「ハイパー・マーケット」と呼ばれるスーパーセンターと似たような業態の企業があり強力であってアメリカ国内のように無敵という存在ではないし、アジアはタイなどの大型店が発達していない国では成功しているが韓国では進出したものの地元の大型店との競合に負け、撤退している。日本では2002年に西友ストアー（西友）を傘下に入れ、2007年には全株を取得して完全子会社とすると発表しているが西友ストアの業績は相変わらず不振である。ただし、西友ストアは西友ストアーの名前で営業しており、一般の日本人はウォルマートという名前は知らない。

　また、ウォルマートは労働組合を持たず、労務においていろいろ問題が生まれてくるし、アメリカでは店舗展開の仕方とそれに伴うスクラップ・アンド・ビルドによって地方で商業空洞化の地

域が生まれると危惧もされ、社会的抗議の対象ともされている。とはいうもののスーパーセンターという業態は巨大であり、それの総合体としてのウォルマートいう企業も巨大となった。

　2004年度の全米小売業ランキングではウォルマートは年間売上高約2900億ドルで断トツであり、2位のホーム・デポが730億ドル、3位のクローガーが560億ドル、4位のコストコが470億ドル強、5位のターゲットが470億ドル弱であるからウォルマートの強大さがわかる。ニューズウィークの世界企業ランキングGLOBAL BEST 2007の小売業部門では1位のウォルマートの年間売上高が3460億ドルで2位はフランスのカルフールで978億ドル、3位がイギリスのテスコで800億ドル、4位がドイツのメトロで752億ドル、5位がアメリカのクローガーで661億ドル、となっている。

　ちなみに日本のセブン&アイ・ホールディングスは456億ドル、イオンは412億ドルとなっている。いずれにせよ、ウォルマートの強大さだけが際立っている。それはスーパーセンターといういわゆる総合ディスカウント・ストアの強さであろう。2位のカルフール、3位のテスコ、4位のメトロはいずれもヨーロッパのハイパー・マーケットであるが業態としてはスーパーセンターに近いものであり、この「総合化」「巨大化」「廉売化」を総体的に実現した業態が現在では世界を席巻している。

2　恐竜大型化

　この小売業の巨人である業態は進化論的にどう見たらよいのであろうか。巨大化というと何と言っても中世代の恐竜が上げられる。恐竜というのは巨大化したが故に（小型のものもいるが）、もろく、突然の事件（小惑星の地球衝突など）によって滅んだほ

ど、短命だったと思っている人も多いがそうではない。

　恐竜の登場は2億年以上も前であり、滅んだのは6500万年前だから1億5000万年も繁栄を極めたのである。恐竜は爬虫類であるともいわれるがそうではなく、爬虫類とは別だということの方が多い。ここでは独立の恐竜という種（類）を考える。また、プレシオサウルスで知られた魚竜やプテラノドンという名前で知られた翼手竜などは恐竜とは別だといわれてもいるが恐竜と同じ類だともいわれる。

　ただ、ここでは陸上で主に二足歩行をするものを恐竜と呼ぶこととする。きわめて雑な言い方をすると今から2億2000～3000万年前に水中にいた魚類が陸に上がろうとして両生類が生まれた。そこから爬虫類と哺乳類が誕生し、更に恐竜が生まれた。初期の恐竜はそれほど大きくはない。2メートル程度の体長だった。初期の恐竜は弱い存在であり、それ以前からいて発達した両生類や爬虫類に捕って食われるような状態だったがここで幸いしたことがある。

　それは地球内部からの力によるパンゲア大陸分裂による地球乾燥化である。それによってそれ以前の水辺にいた先住者たちが衰退し、敵が少なくなったのである。長い足と流線型の体型でそれ以前にはなかった大地を走るという能力を身につけた恐竜はここから大発展をする。1億5000万年前のジュラ紀になるとすでに大恐竜が登場していた。小説（映画）の『ジュラシック・パーク』でおなじみのステゴザウルスなどである（ジュラシック・パークのジュラシックというのはジュラ紀のことであるが実際はその後の白亜期の恐竜が入り交じっている。Tレックス（ティラノサウルス）がそうである）。

　とは言え、この当時の恐竜は体長が20メートルにもなり、肉食

の恐竜でも体長10メートルにもなるものが登場している。草食のスーパーサウルスなど体長33メートル、体重40トンにもなるという。では、なぜ、恐竜は巨大化していっただろうか。それなりの理由があるはずである。これは簡単なことである。もし、棲息環境に潤沢なる餌となるものがあるのなら大きければ大きいほど、有利であろう。草食恐竜の場合は肉食恐竜の餌食となるのだが大きな体を持てばそれだけ肉食恐竜に襲われる危険は少なくなる。現にアフリカのサバンナではカバやゾウは健康な成獣ならライオンやヒョウなども襲わない。キリンやバッファローも危険は少ない。アメリカ・バイソンもオオカミより強い。一方、肉食恐竜は大型化した方が強くなり、より大型の餌となるものを捕食しやすいだろう。あくまでも餌となるものが潤沢であるという条件付であるが。

　しかし、一方で大型化してしまうといろいろな問題が起こってくる。これをどうにか解決しなければならない。たとえば、呼吸である。気道の問題がある。大きな体は長い気道を持ち、取り入れた空気を肺に持ってくるのに時間がかかる。

　この間、気道は一方通行だから排気はできない。排気中は酸素を取り入れることができず、どうしても酸素が大きな体に必要なだけ供給できないだろう。それを解決したのが現在の鳥と同じ含気骨という中空の骨を持ち、そこに気嚢という構造を持ったのである。気嚢はそこに空気を一時保管し、いわば単線列車の上下交換待ちのような形を取り入れたのである。このことが現在の鳥が恐竜の進化系であるとの説のひとつの理由となる。

　ただ、恐竜は大きくなったから気嚢システムを持ったのでなく、たまたまその登場の三畳期が気候が悪かったために低酸素への対応としてそれを持っていたという方が良いのかもしれない。

さらにあげるならこの時代はまだ、被子植物がない。裸子植物であるシダ類のようなものが中心である。量としては潤沢にあったとしてもきわめて栄養価が低い。であるために大量にそれを摂取するし、それを消化するために長い腸が必要である。そこで体は大きくなるという寸法である。

この恐竜が巨大化した理由についてはNHK「恐竜」プロジェクト編『恐竜VSほ乳類』を参考にしているが結構、納得できる話ではある。現在、陸棲では恐竜ほど巨大化したものはいない。シロナガスクジラは史上最大の動物だといわれ、体長は30メートルにもなり、体重は160トンにもなるというが動きは水中だからよいとして餌は無尽蔵といわれるオキアミなどのプランクトンの類である。そうであるなら大きい方が塩梅はよろしい。ただ、巨大化した恐竜は6500年前に突如として滅んだ。その理由としては小惑星が地球に衝突したために塵が地球全体の空に広がり、地球が寒冷化したためだという（他にもいろいろな説がある）。餌となる植物が消え、草食恐竜は滅んだ。同時にその草食恐竜を餌とする肉食恐竜も滅んだ。大型化した草食恐竜が滅べばやはり大型化している肉食恐竜は小型のものを食べるわけには行かない。それでは間に合わない。

この他に恐竜が巨大化した理由としては二足歩行をしたということも上げられる。行動の敏捷性や体型の流線型というのは巨大化する条件となる。また恐竜は両生類や爬虫類と違って恒温動物ではなく、変温動物であったということも上げられる。大きな体を維持するための体温維持が可能となったのである。いずれにせよ、恐竜は中生代の三畳紀、ジュラ紀、白亜紀を通し１億5000万年以上も栄えたのである。その結果が巨大化である。

3　ミドル層の崩壊

　ウォルマートはスーパーセンターという業態を確立し、業態自体が大型化し企業としても巨大化した。カルフール、メトロ、テスコ、バザールといったヨーロッパにおけるハイパー・マーケット、更にはアメリカにおけるコンビネーション・ストアなどは同種の業態と考えられる。歴史的に見ればハイパー・マーケットだろうが現在のウォルマートの地位からいってスーパーセンターが基本種であり、ハイパー・マーケットやコンビネーション・ストアが亜種だと位置づけられるかもしれない。

　この業態の特徴は大型であること、そして総合ディスカウント・ストアとスーパー・マーケットが合体したものである、ということであろう。これらが大型化し、繁栄しているのはそれだけのマーケットが存在していたからだと考えられる。

　そのためにまず、ウォルマートの出自を見てみる。ウォルマートはアーカンソー州の片田舎の町で生まれた。アーカンソー州というのはアメリカの中南部の州であり、五大湖地帯とメキシコ湾を結ぶ中継点となっていたが基本は綿花栽培である。奴隷労働によるプランテーション経営が行われていた。1960年代の黒人人口は25％くらい、今でも15％である（テキサス州の隣である。メキシカン、スパニッシュが多くなっている）。

　また、場所的にはオザーク山地の一角にあり、オザーク山地地方というのはプア・ホワイトと呼ばれる貧しい南部入植者のいる地域である。人種隔離政策で名高く、州都のリトル・ロックは公民権運動の公立高校の入学問題で連邦軍が投入されたことで名高い。

　ここからスタートしたウォルマートは今でも本社はこの州のベ

ントンビルにあり、その後も次々と出店されたお店は地方が中心である。日本人でアメリカに行った人があまりウォルマートのお店に出合わないのは大都市に少ないからであろう。私も1970年代から1990年代にかけて何度もアメリカに行ったがウォルマートの店舗には入ったことがない。見かけなかったからである。

　ウォルマートの繁栄は1960年代以降であるが1980年代になって勢いが出た。それ以前の主役はGMSであった。GMSは食品を扱わなかったからでもあろうが市場のターゲットは「ミドル・ミドル」であり、下位の「ローワー・ミドル」が含まれる。この層はアメリカでは巨大であった。

　しかし、ベトナム戦争後、アメリカでは急速に上下格差が進み、ローワー・ミドル層以下とアッパー・ミドル層以上に分かれ始めた。GMSにとってターゲットである市場が崩壊を始めたのである。

　その代わり、ローワー・ミドル層以下のマーケットが巨大化していった。ウォルマートはまさにそこに適合したのである。ヨーロッパは伝統的に社会階層があり、ワーカース・クラスが大きな市場である。また、アジアでウォルマートが成功している国は発展途上国であって韓国や日本のように格差がつきつつあるといいながらまだ、ミドル層が大きな存在である国は別である。

　ウォルマートは小さな雑貨店のディスカウンターとして生まれ、成長していきつつ巨大化、総合化をしていった。実際にはKマートとかターゲットのような競争相手があり、それに対抗するために店舗の巨大化、総合化を進めたのであろう。アメリカにはこのほか、スーパーマーケットやホーム・センターなどの競争相手もある。

　業態として巨大化していくのは企業成長上、業態競争上、当然

の選択だっただろう。小型の恐竜の誕生からそれが巨大化する過程は棲息環境の豊かさがそれを後押ししているのと同じようにこのスーパーセンターも巨大な市場をもつが故に大型化したのである。

問題は大型化の条件である。恐竜は気嚢を持ち、変温動物であり、二足歩行と流線型の体を持ったのはウォルマートについて言えばサム・ウォルトンが言うように田舎のお店であるが故に最初からすぐれた物流（ロジスティクス）のシステムを開発し、保有しておかねばならなかったこと、また、情報システムを駆使して店舗とメーカーの生産現場を結び付けるリテール・リンクなどのSCM（サプライチェーン・マネジメント）の体制を備える必要があったこと、など田舎からの出発に必要な条件がその後の発展に結びついているし、店舗の大型化とチェーンの巨大化を実現させ、「EDLP（エブリディ・ロープライス）」政策を取り続ける力となっているはずである。

こうしたことを考えるとスーパーセンターと恐竜は一致点がたくさんある。となると問題は突然、それが崩壊するという点である。突然といったが恐竜の場合でも地球の歴史の長さからいうなら実際は何万年もかかっているはずである。われわれの感覚ではじわじわと弱っていくということである。

総合型のディスカウント・ストアであるウォルマートのような小売業態はそのターゲットである消費層が縮小してくるとその巨体が維持できなくなるはずである。問題はそういう時代がいつ来るであろうかということである。

日本や韓国のような国では総合型のディスカント・ストアは苦戦している。むしろ、専門型のディスカウント・ストアが優勢だと言えよう。しかし、かつては、1990年代まではダイエー、イ

トーヨーカードー、ジャスコ（イオン）、ニチイ（マイカル）、西友ストアーなどの GMS とは言っていたが実際は「総合型ディスカウント・ストアとスーパーマケットの複合型」の大型店であり、それが大きな力を持っていたが今では衰退化してきている。

　国土の広さや消費者の密度から言うならそういうものはもう必要なくなっているのかも知れない。

ノードストロームという業態

1　神話の誕生

　この本を読んだ時に私は「これはひとつの業態になるのではないか」と思ったものである。その本とは山中鏆監訳の『ノードストローム・ウェイ』である。ノードストロームはシアトルにある日本で言えば一種の地方百貨店といったところだろう（と思いこんだ）。このノードストロームという小売業は普通（ではないが）の小売企業であるのに一冊の本になるくらい素晴らしくも個性的であるということを書いた本である。

　どうも、この本は山中鏆さんの思い入れで日本において翻訳出版されたものと思われる。山中さんというのは日本の百貨店業界では超有名人であった。もともと伊勢丹の専務をされていたが乞われて業績の悪かった松屋の社長になり、見事に立て直しをした。後に、「松屋は古屋家のものだ」と言い、やはりさえない池袋の東武百貨店の社長に移られたが道半ばで亡くなられた。

　私が山中さんに初めてお会いしたのは1990年代の初めのことで銀座の松屋の社長室だったと記憶している。当時、松屋の常務を勤めておられたNさんに連れられていった。Nさんと初めお会いしたのはいつだったのかまったく覚えていないが5、6年間、私はNさんの私設アドバイザーというかお伽衆というか話し相手というかよくわからない関係を続けていた。といっても単に親

しい知人としてつき合っていたのではない。きちんと松屋から顧問料というかコンサルタント料というかよくわからないが毎月お手当をいただいていたのである。当時、私は研究所の研究員と大学の教師の二股の時代である。

　Nさんは生粋の商売人だったがどういうわけか常務として物流と情報の担当をさせられたのだという。「もうこの歳では新しいことを勉強したくもできない。第一、活字を読むということはしんどい。そこで毎月、2、3回、会って食事をしながらいろいろな話を聞かせてくれ」というわけである。こういう個人的なものにお金を払うことができるというのは松屋独特のことなのかNさんの立場故であろうか。古い体質の百貨店というものの性格故なのか。今ではできないことだろうが当時はできたのだろう。

　Nさんは私の大学の同窓の大先輩だった。山中さんも同窓だから「会ってみてくれ」ということだった。社長室でどういうことからだったか覚えていないが武田信玄の話になった。私は「武田信玄はすぐれた戦国大名だが経済的に見て僻地の甲斐の国を基盤とし、兵農分離ができていないし、農業をベースとしている以上、いかに武田信玄が長生きしても日本統一は無理だったろう」と言った。後でNさんが「山中さんは狂信的な信玄ファンだ。よく怒られなかったな」と言っておられたが別に叱られたということもなく、その後も後輩として可愛がって下さった。

　山中さんは百貨店の業態特性というものに興味を持っておられたし、サービスを行う人の問題に特に注目されていたようだった。東京の地方百貨店とも言える松屋というものを三越だの高島屋だの伊勢丹だのとは異なる業態だとも思っておられたと感じた。だからこの「ノードストローム・ウェイ」という本については山中さんの意志で日本で翻訳発行されたのではなかろうか。山

中さんは「ノードストロームという百貨店のことを知ったのは1968年のことだった」と「監訳者まえがき」で述べておられる。当時の百貨店の主流だった「トップダウン、セントラル・バイイング、徹底した利益管理」などの財務中心の経営方針に対して「顧客サービス、顧客に接する機会の多い販売員の視点からの経営の見直し」を行うべきだということからこのノードストロームという百貨店に興味を持たれたと言っておられる。

ノードストロームという百貨店はきわめて特異な小売業だったらしい。

2　シアトルのノードストローム

ノードストロームというのはシアトルを本拠とする百貨店である。シアトルはアメリカの西海岸のメインランド最北端のワシントン州にある人口50万人の町である。大都市といえば大都市だがニューヨークやシカゴやロサンジェルスに比べれば地方の中都市である。場所的にいってもともと北太平洋の漁業の基地であり、港湾都市として農業・林業の集散地でもあった。アラスカがアメリカ領となり、ゴールド・ラッシュがあった時にはアラスカ航路の起点となった。戦前の樺太航路の起点となった小樽のようなものである。

第二次大戦中に造船や航空機製造で工業都市となった。工業都市としての歴史も浅い。ところがこの小さな地方都市から世界に名だたる超有名な大企業がいくつも生まれているからおもしろい。ボーイングであり戦後はスターバックス、アマゾンなどであり、小口輸送からグローバル・インテグレーターなるものになった世界最大のUPS（ユナイテッド・パーセル・サービス）がある。ノードストロームはここにある。私はシアトルに何度か行っ

たことがあるがどういうわけかノードストロームの店で買い物をしていないし、見てもいない（と思う）。時差ぼけで記憶があいまいだった。そして、この本を読んだ1990年代後半以来、メインランドには行っていない。したがって、この本に書かれていたこと以外はわからないが本にあるノードストロームに関するエピソードだけとっても実にユニークな小売業だとわかる。以下、そのエピソードを列挙してみる。

* たまたま、サンフランシスコ郊外のスタンフォードにできたばかりのノードストロームの店に行ったところ500ドル前後のカシミヤのジャケットがあって気にいったので買おうと思ったら袖が長かった。その日は土曜日で日曜はゴルフの予定が入っており、月曜には日本に帰らねばならなかったのであきらめようと思ったら店員が「必ず月曜までに届けるから」といい、事実、月曜の朝、ホテルのフロントに届いていた（監訳者まえがき）

* 「販売員を伝説のような存在にする」「従来のサービスではない。これまでどこでも行われていなかったサービスだ」「アウトスマート（計略で他を出し抜くこと）でなく、アウトサービス（サービスを越えたサービス）」「他の販売員が1週間はかかると言ったとしても彼なら1時間以内にそれを取り寄せる」「セール中に靴を買おうと思ったが合うサイズのものがなかった。後日、合うサイズのものを探してセール中ではなかったがセール中の価格で売ってくれた」。その他いろいろ（プロローグ）

* ある牧師が、礼拝で「ノードストロームによる福音書」と題して説教を行い、ノードストロームは「ときに私たちが教会にいる時の振る舞いより慎ましやかで気遣いに満ちたマナーで福音

を実践している」とほめたたえた。
* ある販売員のところへスウェーデンの顧客から手紙が来た。それは前に買ったワイシャツを誤って高温で洗濯をし、縮ませてしまったので元に戻す方法はないかという問い合わせだったがその販売員はすぐに顧客に電話を入れてすべてのシャツを無料で新品と交換することにした。
* お客の中には2年前に買ったドレスを返品してくる人がいたがそれを受けつけた。
* ある顧客の奥さんが季節はずれのものを求めようとしたが探す手間は大変だし、その日は探すのが面倒な気持ちだった。しかし、販売員は2時間後にそれを見つけてきた。
* その日、シアトル空港から発つ予定のお客が店のカウンターに飛行機のチケットを忘れた。番号はわかっているのに空港で再発行をしてくれないので販売員は会社の費用でタクシーをとばして飛行場に行き、チケットを手渡した。
* 販売員はお客からおいしいレストランだのマッサージの店はどこかだのを聞かれてもすぐにそれを調べてどんな道案内もできる。
* 販売員は自分のお客がたとえドイツでもトルコでもポルトガルでも新商品だのセールだのの電話を外国にもする。休日に自宅からでもノードストロームの長距離電話回線を経由して電話する。

こういったエピソードがてんこもりである。実は私も講義やゼミでこのノードドストロームの逸話について話をするがそれはこういう話である。

「ある日、一人の婦人が古びたタイヤを持ってきて『これを返品したい』と言った。ノードストロームではタイヤを売っていな

い。夫人の勘違いである。しかし、販売員は夫人の言う通りの値段で返品として受けてやった。実はこのノードストロームの店ができる前にこの場所にはタイヤを売っていた店があった。ある客がノードストロームの靴売場に来て靴を買おうとしたがたまたまその客に合うサイズのものが品切れだった。向いの別の百貨店にその靴はあったが客はノードストロームで買いたい、と言った。販売員は向かいの店に行ってそのサイズの靴をその店の値段で買い、それを持って帰ってきてお客に売った。値段はノードストロームの方が安かった」。

　このあたりの話は私が別のところで聞いた話だったかこの本の話を間違って覚えていたかはっきりしない。こういうのが神話の神話たる所以であろう。私がもっとも気にいって学生たちに話す逸話がある。それはこういうものである。

　ノードストロームに入社して販売員になると一冊の小冊子が配られる。そこには販売員の心得が書いてある。その第一条に「お客は常に正しい」とある。そして第6条だか7条だかに「もし、お客が明確に間違っていた時はどうするか」とある。そこで私は学生に「さて、みんなな２うする」と聞く。学生たちは「わかってもらえるまで根気よく話す」だの「はっきりとかつ丁寧に『お客様が間違っています』と言う」など答える。私は得意げに「本当の答は『第1条に戻れ』だ」と言うのである。

　ただ、この話はこの本には出ていない。どうも、私の作り話のようだが私には作ったという意識はない。これも神話の神話たるところだろう。ただ、この本はこうしたエピソードだけを述べるために書かれたものではない。むしろ主題はきわめて高度な顧客サービスを行うためのノードストロームという百貨店の社員管理やマーチャンダイジング、仕入方法、在庫計画、組織体制などを

書いたものである。

　そもそも、ノードストロームという百貨店は1900年代初めにシアトルでカール・F.ワリンという人とジョン・W.ノードストロームという人が共同で開店した靴屋さんからスタートしている。顧客サービスを考える経営思想はこの時代からのものである。そして、西海岸に複数の店舗を持つ百貨店になった今も経営はノードストローム家のものであり、家族経営の形は変わっていない。

3	高度なサービス

　私はこのノードストロームという百貨店について知った時に「これは百貨店という業態とは違うのではないか。ノードストロームというのはひとつの業態となるのではないか」と一瞬、考えた。しかし、この考えについてすぐに自分で否定してしまった。なぜ、否定したのか。ノードストロームという小売業は「個人としての販売員とそのお客との関係」で成り立っている。この関係が高度なサービスというものに結びついている。

　したがって、販売員個人の資質や人柄が意味をもつのであり、そのパーソナリティーがお客に適合した時に威力を発揮する。たとえ、どんなにすぐれた、サービス精神にあふれた、販売員であってもお客とウマが合わない、ということになると無意味となる。つまり、お客と販売員の個人的関係で成り立っているのである。お客は店に何度か行った時に自分で販売員を選択できるなら自分担当の販売員を作ればよい。ノードストローム流のサービスを受けることができる。こういう組み合わせをたくさん作っておくという形の業態だというのであるがそれは果たして独特のものだと言えるのだろうか。

百貨店である以上、販売員というのはそれぞれの売場を担当しているはずである。売場担当とお客担当は両立するのだろうか。自分のお客について他の売場やお店の外に出てしまっては売場はどうなる。そう考えると、こうしたよいお客と濃密な関係を持つ販売員というのは特定な人であり、多くの販売員はサービス精神が旺盛であるのだろうが普通の百貨店の店員のように売り場についているのであろうと思われる。

　こういう形は日本にもある。百貨店の外商である。外商には法人外商と個人外商があるがこのうちの個人外商がノードストローム・ウェイに出て来るエピソードを作った実名による販売員と同じである。外商でも、私はあまり個人外商とは縁がないがそれでも数少ない関係する外商さんはノードストローム・ウェイに出てくるエピソードに近い形を実行してくれる。ただ、外商はそれなりに有力客だけが対象となるので普通のお客はお店で通常の販売員に対することとなる。そのサービスはおもしろくも何ともない。

　日本の百貨店の中にはお店の売上げの半分近くが外商部によるものだというケースもあるようだがその多くは法人外商であって個人外商はごく少数の金持客に限定される。そこで最近、日本の百貨店では「コンシェルジュ」とか「カリスマ店員」という人を店に配置するようになった。お客に総合的に親切なサービスを行うレベルの高いサービス員であるがこれもノードストローム型か。

　ただ、特定な「お店の人」が個人的魅力やすぐれたサービスによってお客を固定化、常連化する商売の仕方は昔から存在していた。これは個人商店や飲食店で店主や店員の個人的魅力で客を引きつけているという形であって珍しくない。商売の基本だとも言

える。町の煮物屋さんとか居酒屋にもたくさん存在する。

　そこでそれらとは分けて一応、百貨店みたいな店舗もあり、各売場に担当者は配置しておくがお客様対応は特定個人としての担当者がいて、お客と一対一の関係を作り、すべてのそのお客の買い物などをこの特定の担当者が行う「常連・指名制・総合サービス」を基本とする小売業態を考えたのであった。パーソナル・マーケティングによる小売業というわけである。実際は一般客も多いのであろうからノードストロームがそうだとは言えないがこういう形で業態開発できないものかと考えたのである。

　「それは無理だ」という結論に達した。

　ノードストロームというひとつの百貨店に限定されていたのではいけない。もちろん、複数のノードストロームのお店のひとつだけのものでもいけない。この業態パターンが他の小売企業にも適用され、多くのものが広い地域に分布されねばならない。そこで定着することによって業態として認知されることとなる。

　業態という概念が生まれたのはいわゆる流通革命によって量販型小売業が登場してからである。業態というのは「何を売る店か」ではなく、「どういう消費層に対してどういう方法で売るか」という視点で分類されたものである。これなら個人商店で単店であってもできるがそれを標準化されたチェーン・ストアという多店舗によって展開するものである。個人としての販売員のパーソナリティーによる個別サービスでは多くの企業の、多くの店でそれを行うことはできないだろう。

　たとえ、ノードストロームというひとつの企業で可能であっても多くの企業が、多くの店でそれを行うことは無理であろう。第一、それだけのサービスを行う販売員の確保は不可能である。だから、チェーンにおいては小売業でも飲食店でも店員の行動はマ

ニュアル化され、特定なサービスはできないようにしている。そうでないと安い賃金で多くの経験の浅い店員を確保することはできない。

4　業態という種の分類

したがって、ノードストロームはノードストローム・ウェイというように文字通り、ノードストローム独特の方法（やり方）で商売をするわけでそれが業態化し、一般化することはない。業態を種と考えればこれは簡単なことである。

小売業の第一分類は大分類として「産業」であり、第二分類は「商業」である。そして、第三分類が「小売業」であって第四分類が「飲食料品小売業」である。この小売業が更に小分類されて第五分類として「酒類小売業」、つまり酒屋さんとなるが業態的に言うなら「スーパーマーケット」となる。

以上は標準産業分類である。これを動物に当てはめてみると第一分類は「脊椎動物」であり、第二分類は「哺乳類」である。第三分類が「霊長目」であって第四分類は「ヒト科」、第五分類が「ヒト」である。このヒトというのがひとつの種となる。ホモ・サピエンスである。われわれ、人間はコーカソイド（白人種）であれ、モンゴロイド（黄色人種）であれ、ネゴロイド（黒人種）であれ、自然人類学ではたったひとつの種であって同じものである。見た目は違っても同じヒトである。それは種の中のグループ的差異である。

さて、この種を業態に当てはめてみる。種の分類は別としてひとつの種ができるのはどうしてであろうか。それは突然変異によるものだというのが定説であろう。突然変異によって新しい種が生まれ、それが自然淘汰とか環境適応によって消えるものは消

え、残るものは残るということになる。そもそも、変異というのは不断に起こるものである。小さな変異である。これは現在でも生物界で起こり続けている。

　小売業界でもそれぞれの小売業によって競争に勝とうという意志によってあるいは経営者の性格によって不断に他と違いを出そうとして変異は起こっている。しかし、変異は小さいし、それが他との違いを示しつつ、ひとつの業態となることはまずない。業態となるなら大きな変異を示す突然変異でなければならない。しかも、その突然変異は定着し（生物の場合は生殖をし）、独立の業態（種）を形づくって普及（分布）をする必要がある。しかし、たまたま、突然変異が起こったとしてもそれがある場所で、ある時に、独立で起こったとしても業態として、種として定着することはない。

　なぜなら、生物の場合、独立に突然変異が起こったとしてもそれだけだと自然淘汰だの環境適応の試練を受ける前にそれだけで終わってしまうからである。進化論の学者たちにとってそれは大きな課題だったろう。突然変異はある時に集中的に起こらねば意味がないからである。これについては世界中の学者たちがいろいろな説を出している。動物の進化はド・フリースの言う突然変異で新しい種が生まれ、ダーウィンが言う自然淘汰や適者生存によって種の定着が起こる。面倒な話は抜きにして一応、こういう荒い筋立てが考えられる。

　では、なぜ、突然変異が起こるのか、突然変異が起こってもそれが集中的に起こって種の確定がなされねばならない。用不用説のラマルクもそしてダーウィンも動物の体の中に何かがあって獲得した器質を受け継いでいくと考えた。つまり、遺伝によって獲得器質が次の代に受け継がれていくというのであるがこれはまっ

たく実証されてはいない。推測の域を抜けない。このことはその後の遺伝子の研究を待つこととなる。

それよりも問題は突然変異（大きな変異）がどうして集中的に起こるのか、ということである。パリで起こった百貨店の誕生はたちまち世界中に広がり（先進国だけだが）ひとつの業態として定着した。スーパーマーケットも同じである。こういうことがどうして起こるのか。これについてその後の研究でいろいろなことが唱えられている。そのひとつに「ハーディ＝ワインベルグの法則」というものがある。二人の学者によって唱えられた説はその後の集団遺伝学というものを生んだ。それはある種の生物の中で突然変異を含む変異が起こるとその後は交配によって同じ比率でその変異が起こるというものである。これを繰り返していくことによってひとつの別の種が生まれるというのである。

つまり、種の中の集団遺伝である。何人かの学者はこうしたことが生物の集団にどういう影響を与えるかを数理統計的に証明しようとした。その結果、大きな集団よりも小さな集団の方が少ない世代で変異したものがその種の中で多数派になるということがわかった。いずれにせよ、集団の中で多くのものが変異を同時に起こす必要がある。今西錦司は「そういうものだ」という。つまり、種全体が短期間にある方向に一斉に変わって行くものだといった。なぜ、変わるかはわからない。

国立遺伝学研究所の木村資生名誉教授（1994年没）がおもしろいことを言っている。これを中立進化説という。それは当然なことだが突然変異というのはその種に対して有利な条件で生まれるか不利な条件で生まれるのかは決まっていない。その変異は有利でもなく不利でもない中立的な変化が起こるのである。突然変異は選択して起こるものではない。その突然変異は良い悪いに関係

なく残るものは残り、消えるものは消える。こうして偶然によって新しい種が生まれてくるというのである。

ノードストロームは百貨店のなかでの突然変異と考える。他の百貨店がノードストローム型の経営を行うようになり、それがあちこちに生まれてくるとそれまでの百貨店とは別の業態になるということであるが実際にはそうはならない。それはノードストローム型の経営というのはノードストロームだけのものであって他の百貨店に適合できないからである。たまたま、ノードストロームという小売業があったがそれは環境的にも経営方式的にも他の小売業には適応できなかったというわけである。それはたまたま、ノードストロームでないとできない不利な形で（不利というのは種の－業態の－以降の繁殖ができない－真似ができない方法－という意味である）突然変異が生まれたからである。

しかし、本当にノードストロームというのは百貨店とは別物の特異な小売業だったのだろうか。確かにサービスとか販売員と顧客の特別の関係はあったのだろうがおおむね他の百貨店とそれほど違わない経営を行っていたのではないのか。違いがあるとすれば種の中の個体として他と若干違っていたに過ぎなかったのではないのか。

アメリカのバーニーズ・ニューヨークやサックス・フィフス・アベニューやニーマン・マーカスのように専門店的特質を持っている百貨店だったのでないのだろうか。専門店というのは「スペシャリティー・ストア」でひとつの業態として認知されている。よく、町の八百屋さんを「生鮮野菜の専門店」と言ったり、荒物屋を「雑貨の専門店」と言ったりするが業態論的にはこういう扱い商品がしぼられているからと言ってそれをひとつの業態としての専門店（スペシャリティー・ストア）とは言わない。あえて言

うなら「一般店」であろう。専門店とは顧客の側が特別の感覚を持ち、ストア・ロイヤルティ（店舗忠誠度）を持つような特別なイメージを店格、小売業としてのストア・ブランドを持つものである。普通の言葉で言うなら高級専門店である。

　こうした専門店の業態的特質は「プレステイジ（名声）としてのイメージと高度なパーソナル（個別的）サービス」である。ノードストロームがそれほど大規模な百貨店ではないとしたら他にも存在する特別なイメージとサービスを持つ専門店的体質の百貨店だと言えよう。ある人はこういう百貨店だか専門店だかわからないものを「デパートメンタライズド・スペシャリティー・ストアと呼ぶ」と言った。これがひとつの業態かどうかははっきりしない。

　こう書くとノードストロームは小規模で特別の百貨店のように思われるが実態は違うようである。ニューズウィーク日本版のGlobal Best 2007に見るノードストロームは世界の小売ランキングで32位（アメリカでは15位）で売上げ8794百万ドル、営業利益1143百万ドルとなっている。巨大百貨店である。これは百貨店以外の業態とは言えないだろう。

コンビニの誕生と中立進化

| 1 | 便宜性のニーズ |

　テキサス州のある町に一軒の氷屋があった。と言ったがたった1軒の小さな氷屋さんがあったというわけではない。クロード・ドーリーという人が父親が以前から経営していた40もの製氷所を持つサザン・アイス社から独立して1920年にサウスランド・アイス社（後のサウスランド社）を設立した。

　ジョー・トンプソンjrという人がいた。やはり製氷所と氷販売店を持つコンシューマー・アイス社という会社を持っていたが彼はサザン・アイス社と一緒になり、共同経営者になった。ジョン・ジェファーソン・グリーンという人がいた。サウスランド・アイス社のひとつの氷販売店を担当していたがこの店は毎日、当時に考えられないほど長時間、店を開けて家庭用の氷を売っていたがお客が氷以外のものを売ることを希望していたためにミルクだの卵だのパンだの煙草だの缶詰だのを売ることにした。1927年である。これがコンビニエンス・ストアという業態の誕生の萌芽である。

　顧客が氷以外の商品を売ってくれることを望んでいたこと、店の経営から言うなら氷の販売は季節の波動性が大きいために販売に波があることと従業員の継続的雇用が困難だったことなどである。だから、氷以外のものを商う。これは今では常識である。わ

れわれが知っている範囲で言っても米屋さんがいつの間にかペットの餌やハイシーなる清涼飲料を扱い始めたり、肉屋さんがカレー粉とか缶詰を扱い始めたり、といった後に大型店経営ではスクランブル・マーチャンダイジングと言って関係するいろいろな商品に扱い商品幅を広げていくのは小売店では常識になっていた。

　しかし、昔の日本でもそうであったがアメリカでも当時は非常識だった（特に地方では）。多分、それは「人の領域をおかさない」という暗黙の了解もあったのだろう。事実、サウスランド社のこの行動は多くの抵抗・非難を周りの商店から受けている。特に氷屋というのは物を売るお店というよりは冷蔵庫（氷室）を店とし、配達するということを商売として成り立っているものである。店先でいろいろな商品を売るにはもっとも適していない小売店であった。本当にそう思ったかどうかは本人に聞いてみないとわからないがグリーンはここで消費者は「便利性（便宜性）」ということを望んでいる、ということに気づいたという。そして、この方向に確信を持った。

　こうして、新しいビジネスが始まったのである。氷以外の地域住民に必要な商品を幅広く扱う、朝早くから夜遅くまで日曜も含めて営業をする、配達も行う、というそれまでにはないサービスである。こういうお店はこれまでにないものであったためにサウスランド社はこれに名前をつけようとした。始めは先住民（アメリカ・インディアン）の部族の象徴であるトーテムにならって新しい商売の象徴として店先にトーテム・ポールを立ててトーテム・ストアと呼んだ。これを真似するものも出た。

　この新しい業態であるトーテム・ストアは成功し、サウスランド社の業績は飛躍的に伸びた。しかし、1929年に始まる大恐慌に

よってサウスランド社は経営危機に見舞われるが禁酒法が廃止され、酒が売れるようになると冷やしておいたビールを売ることが大きな評判を呼び、加えて買収した乳製品会社の乳製品を販売するようになり、その他の幸運もあって1934年に再建された。

1946年にサウスランド傘下に入っていたシティー・アイスというお店も含めてすべての店舗の共通名称として「セブン−イレブン（ストア）」としたのである。セブン−イレブンとは午前7時から午後11時まで営業するという具体的な意味を持つ名前である。近代的な店舗、ロゴ・マークと看板、棚やゴンドラ、キャッシャー、はかりや台、更には駐車場など統一的な設計によるお店ができたのである。そして、1953年からテキサス州以外に進出をし始め、全米展開を図っていくのである。

以上のことは川辺信雄「セブン−イレブンの経営史」に詳しく書かれているし、読んで実におもしろい。実はこれ以外にセブン−イレブンというコンビニエンス・ストア業態の発展を語るにはフランチャイズ・システムと「粗利益分配方式」を抜かすわけにはいかないがそれを語ると長くなるのでそれは金顯哲『コンビニエンス・ストア業態の革新』を読んでいただきたい。くわしく知りたい人は。

2 衰退・拡大・放散

その後のセブン−イレブンとサウスランド社の有り様は多く報道されているからご存知の方も多いと思う。実はサウスランド社のコンビニエンス・ストアであるが一応は業態の確立ができ、全米に展開をし、その他のコンビニエンス・ストアもいくつか登場していたが次第にアメリカにおいて衰退してくる。

それがおもしろいことから世界的に復活を果たす。1973年に日

本のイトーヨーカドーがサウスランド社からフランチャイズ権を受け、日本に「ヨークセブン（後にセブン－イレブン・ジャパンとなる）」という会社を設立し、店舗展開を図り大成功をする。現在のセブン＆アイ・ホールディングスの中心企業である。ところが本体であるアメリカのサウスランド社が再び経営危機に見舞われ、1990年に日本のイトーヨーカドーとセブン－イレブン・ジャパンによって買収されてしまうのである。以後、セブン－イレブンは日本を本拠とする企業となり、アメリカにおいても立て直しが一応成功し、現在の世界企業となっていく。

2006年末においてセブン－イレブンはアメリカに約600店、カナダに約500店、メキシコに約900店、プエルトリコに約15店、ノルウェイに約100店、デンマークに約70店、トルコに約70店ある。特にアジアでは急速に店舗を増やしつつあり、中国に約1000店、台湾に約4800店、韓国に約1800店、フィリピンに約300店、マレーシアに約900店、タイに約4400店、シンガポールに約350店、オーストラリアに約370店、そして日本では1万店をこえ、更に急増しつつある。（7-eleven Inc 2008. 3月現在　HPより）

なお、アジアではセブン－イレブン以外のローソンだのファミリーマートなども大量出店を始めている。コンビニエンス・ストアはアメリカで生まれ、日本でその業態としての確立がされ、世界に普及した業態だと言えよう。

私はかつて1970年代半ばに勤めていた研究所のアメリカ流通視察団の一員としてダラスにあるサウスランド社の本社を訪問したことがある。その折にサウスランドの人がわれわれを町のはずれにあるセブン－イレブンの一軒の店に案内してくれた。その店は通りを隔てて当時、アメリカ最大のスーパーマーケットだったセイフウェイの巨大店舗と向かいあっていた。その人がわれわれを

そこに案内してくれたのは「コンビニエンス・ストアはスーパーマーケットと十分に対抗できる業態である」ということを言いたかったのだろう。

そもそも、コンビニエンス・ストアはスーパーマーケットが持つ消費者にとっての「不便性」をなくすことを武器としてできた小売業態であった。スーパーマーケットの対抗者という位置づけである。まず、1930年ころから大成長し、アメリカ最大の小売業態となったスーパーマーケットは店舗は大規模であり、大きな駐車場を持つために住宅地からは離れて存在した。さらに大企業となったスーパーマーケットは多くの従業員を雇用し、組合もでき、長時間営業は行っていなかった。そのために1回の買い物に半日を費やすのが普通であった。それは大きな店舗で多くの商品をまとめて買い、行列をしているキャッシャーで長時間待たされるということでもあったし、セルフサービスであるが故に店員との人的接触は少なかった。

これに対してコンビニエンス・ストアの店は住宅の近所に存在し、長時間営業であるために必要な時に必要な物をすぐに購入することが可能だったし、店員との接触も密だった。スーパーマーケットとコンビニエンス・ストアのキャッシャーの位置を比べてもらいたい。キャッシャーにおける店員とお客の位置関係はスーパーマーケットでは平行になっているのに対してコンビニエンス・ストアでは対面となっている。スーパーマーケットという業態のコンセプトは「低価格」と「ワン・ストップ・ショッピング（必要なものをひとつのお店で買うことができる）」であるのに対してコンビニエンス・ストアは「便宜性（便利性）」である。業態コンセプト自体が異なっていたのである。

しかし、日本に登場した当時のコンビニエンス・ストアは

「スーパーの補完」だと言われた。スーパーがまだ、進出していない地域でスーパー代わりに使われているという意味である。マスコミではコンビニエンス・ストアのことを小型スーパーと言ったり、時には単にスーパーと呼んでいた。しかし、アメリカにおいてこそが本当はスーパーマーケットの補完だったのではないか。スーパーマーケットが成熟し、スーパー・センターだのコンビネーション・ストアだのが出てくるとコンビニエンス・ストアの勢いは止まり、衰退化し始める。

　大体、私は何回もアメリカ視察に行ったがセブン－イレブン以外のコンビニエンス・ストアなどほとんど見たこともない。ただ、現在ではテスコが小型店を展開したりウォルマートがやはり小型の特殊な店を展開する予定を持つ、というがこれらは果してコンビニエンス・ストアと言えるのか。見ていないので何とも言えないがどうも「デリカテッセン」に近い業態のようである。このコンビニエンス・ストアの業態を確立したのは日本である。当初はスーパーの補完と言われたが次第に本当の便宜性の追求を行い始めたのである。その証拠にセブン－イレブンの店舗の売上構成は非食品が25％だと言われ、弁当などの日配物が15％、また、ファーストフードを含めた非物財（サービス）が30％を超えている。昨年には振込や振替の金額が物財販売額を越えたという。スーパーとはまったく異なる業態となり、町の便利スポットとなっている。特に中学高校生、大学生などの若者において圧倒的な支持を受けている。便宜性というコンセプトを徹底的に追求した結果であろう。

　ただ、アジアの各国ではまだ、コンビニエンス・ストアはスーパーなどの大型店の進出が遅れていることから「スーパーの代替」の位置付けがされている。しかし、経済の発展、消費の成熟

が進むにつれ、日本型の位置づけとなっていくだろう。

3　断続的平衡

　では、コンビニエンス・ストアという業態はどのようにして生まれたのであろうか。それはアメリカのテキサスにおいて氷屋さんが氷以外のものを扱うというというところから生まれた。しかし、その時をコンビニエンス・ストアの始まりだというなら現在のセブン－イレブン型のコンビニエンス・ストアとは大きく異なるものとなっているはずである。それをもって初期のコンビニエンス・ストアと現在のそれとはまったく別の業態と言えるだろうか。これを動物の種というものに置き換えて考えてみる。われわれの身近にいるイヌは大昔、現在のタイリクオオカミから生まれた。しかし、犬とオオカミは同種ではない。イヌ科の動物であるが別種である。

　でも、同じイヌでもグレートデンとチワワは同種のイヌである。あれだけ表面上の違いがありながら同じ種なのである。イヌとオオカミでは混血が生まれ、それは繁殖能力を持つ。近縁の種である。ついでながらブタとイノシシは混血（イノブタ）ができ、これも繁殖能力がある。カモとアヒルもそうである（アイガモ）。しかし、ライオンとトラは混血はでき（タイゴン、ライガー）、かつて阪神パークにいたライオンとヒョウの混血（レオポン）のようなものができる。ただし、繁殖能力はない。ウマとロバの合いの子（ラバ）もそうである。種として近いが少し離れている。

　つまり、形は違っても基本的な条件が同じなら同種なのである。最初のコンビニエンス・ストアと今のコンビニエンス・ストアも業態のコンセプトが同じなら同じ業態だと言えよう。もし、

今後、現在のコンビニエンス・ストアが更に進化し、新たなコンセプトをに基づくものとなったらそこで新しい業態（種）が生まれたと考えるべきだろう。それは新しく生まれた種が環境に適応して進化していき、やがて新しい種なるという過程の話である。問題となるのはどういうような機制でコンビニエンス・ストアが生まれたかである。

　一軒の氷屋が便宜性の供与というコンセプトのもとに氷以外の商品を扱い始めたことによる。では、このことは偉大な革命だったのか。そんなことはないだろう。氷屋であってもなくても同じようなことを考えて同じようなことを行ったものはそれ以前でもどこででもあったにちがいない。では、どうしてその一軒の氷屋だけがコンビニエンス・ストアとして業態の確立を実現したのだろうか。それはその革新を行った時にそれがうまく環境に適応したからである。その後は経営の問題となるが変化する環境に合わせて進化していって今に至る。

　氷屋があることを行ったというのは変異である。その変異は絶えずいたるところで起こっているものである。これは理解しやすい。世界中の小売業や事業者が普遍的に新しい試みを行っているはずで昔も今もそういうものである。大部分は成功せず消えていっているのであろう。また、変異を起こす人がいてもその後の業態の確立を予測しているわけではないし、その場の商売の成功を考えているのみである。

　動物の種の場合も種の確立という意志が存在しているわけではない。とにかく変異は起こるものなのである。変異は常に起こっているものと考えたい。その変異の大きいものが突然変異であろう。では、なぜ、変異は起こるのか。その変異が起こるメカニズムはどのようなものだろうか。この研究は遺伝子の問題であり、

遺伝子の本体がDNA（デオキシリボ核酸）という生体細胞中に存在して、二重螺旋構造をとるものであるが、このDNAを進化の中で研究することによって変異のあり方を探ろうとするものである。

ただ、この研究は現在、実に細かくなり、コンピュータを利用した空想上の生物であるカミナルキュルスなるものが登場してきたり、いろいろ数式を使ったり、あるいは遺伝子がウィルスに感染したとするウィルス進化論などが出て来たりして私の手に負えない。専門的になっているし（数量生物学）、果たして社会科学に対してどう応用ができるかこのレベルでは疑問である（そうなのか）。しかし、こうした研究から変異のあり方はわかってくるのだろう。この変異のあり方と進化についてはこれまでいろいろな説が出されている。つまり、変異の起こり方である。

「断続平衡説」というのがある。変異とそれに伴う進化は大昔からダラダラと同じようなペースで進むのではなく、進化は止まっている状態の時と急激に進む状態の時があるという考え方である。これは過去の生物の化石や地層を見ると多くの種がいっぺんにたくさん生まれた時期とそうでない時期があるということからとなえられたものであろう。これは何となくわかる話である。

業態の誕生を見てもある時期には多くの業態が一斉に生まれるがある時期にはそうでもないということがわかる。多分、これは経済社会環境、消費環境の変化時期には好況、不況を問わず大きな変異が起こり、その安定期にはそれが収まっていることを示す。

4　中立的な変異

多くの新しい業態を生み出してきたアメリカ市場を見ても1890

年代、1930年代、1960年代というのは変化期であり、その間は比較的に動きが少ない。日本を見ても新しい業態の登場は1950年代、1990年代後半などは動きが大きかった時期である。これらのことは市場環境が変わる時期に新しい業態が起こりやすいのとそれが環境による選択、淘汰がされやすいからであろう。しかし、変異が起こり、進化が進むことについては少々、話が難しくなる。「中立進化説」というのがある。

これは変異というものがDNAを構成する4種類の塩基の並び方の変化によって蛋白質の作り方が変わり、遺伝子の突然変異が起こるのであるが、あるひとつの塩基が突然変異を起こしたとしてもそこで作られる蛋白質はまったく変化しない。このような塩基の突然変異を「中立的な突然変異」と呼ぶ。つまり、DNAの中の塩基が突然変異を起こしても進化としては現れないというわけである。ここから「中立的進化説」が生まれてきた。

これは国立遺伝子研究所の木村資生氏によって1968年にとなえられたものであることは前述した。このような遺伝子におけるあるひとつの突然変異が起こったとしてもそれは形質上の変化とはならないのであるから別にその種における有利とか不利にはならないでそのまま続いていくこととなる。有利不利というのは子孫を残す確率である。こうして変異を起こしたものもそうでないものも同じように子孫を残していく。後は運の問題である。もし、変異を起こしたものがたまたま多く残っていけばそのうちにこの変異は定着し、形質的に変異が起こり、それが新しい種を生み出すというわけである。

この考えに立つなら氷屋が他の商品を扱い、便宜性をコンセプトとする新しい業態を生み出したということはそれ以前からこういうことを行うものはたくさん存在したのだと考えられる。だか

らといってそうしたものがすべて新しい業態を生み出したわけではない。たまたま、サウスランドによるものが新しい業態となったのである。スーパーの場合もマイケル・カレンが突然変異を作り出し、キング・カレンというスーパーマーケットを生み出したのではなく、それ以前からこういう変異は起こっていたと考えられる。百貨店もブシコー夫妻がボン・マルシェを作り出したそれ以前よりも同じような変異を起こしていた例はたくさんあったはずである。彼らには申し訳ないがたまたま、これが新しい業態となったというだけである。

ただ、その成功はそれ以後の自然選択、つまり環境適応があって後に新しい業態の誕生といわれるようになったということは言えるのではなかろうか。もっとも、木村の中立進化説については種々の批判がある。もともと、中立進化については新しい種が生まれる前段階においては自然選択は働かないということが前提となっている。木村がとなえた中立進化論では分子レベルでの中立（有利不利と関係ない）が形態とか行動における非中立との関係がはっきりしないことである。無方向でランダムな中立的な変異がどこで自然選択における具体的な変異に変わるのかという問題である。

これに対してカウフマンという人の中立説は個体が持つ遺伝子同士の結びつきに着目する。遺伝子同士の結びつきによる方向性を設定し、突然変異による方向性が変わると考え、この働きが毎世代、繰り返すと自然選択が働き、最適な結合になると思われるが結合総数が大きくなり過ぎるために最高の適応度の結合が生まれる確率は低くなり、一般的な結合に落ち着いてしまうために自然選択は無力になり、中立進化となる、という考え方である。つまり、このことはある時点では自然選択に関して無力だったもの

が環境の変化で適応するようになる、という前適応の重要性を言うものである。

　この考えに立つなら業態についてもいろいろな変異は絶えず存在していたがそれがたまたま、環境にうまく適応した場合に新しい業態として生まれるということになるだろう。もし、そうならヒット商品であっても新しい業態であってもそれが成功した理由を後付けで知ったとして、そのことは無意味というわけではない。どういう場合に適応が起こるのかということを知ることはできよう。それは企業経営にとってはそのままで役には立たないかもしれないが少なくとも研究レベルでは意味を持つ。

棲み分けは救いなのか

1　自然集合の形

　日本全国では110万店強の小売店が存在している。ピークでは約180万店あった（1980年代）が、その後、急速に減少してきて現在でも減りつつある。「約100万店くらいまでは減るのではないか」という見方がある一方、「いや、100万店を大幅に切るかもしれないぞ」ということを言う人もいる。一部の大型店とインターネットを含めた種々の媒介による通信販売などの無店舗販売もあるから「最後には10万店くらいになるのか」というとそういうことはあり得ない。小さな小売店は必要だし、どうにかやっていけるのだろうからある程度の数はいつまでも残るだろう。

　この110万店の小売店のうち、一店だけの個人営業のものが全体の9割程度を占めている。つまり一般店といわれる町の普通のお店である小売業が大部分なのである。こうした小売業の中には1軒だけポツンと住宅地の中とか町はずれとか田舎道に存在するものも結構あるが多くは数軒から10軒以上が集まっていわゆる商店街を作っているはずである。中には数百店が集まっている大都市の中心商店街もある。

　こうした商店街を商業集積と呼ぶ。つまり、商店が集積する（集まる）というわけである。集まるといっても誰かが呼びかけて集合させたというわけではない。自然発生的に商売をするもの

が複数集まったところから始まるはずである。その歴史は古い。古事記に「市（いち）」の話が出てくる。有史以前から市というものはあったようだ。今でも四日市だの十日市場だのという地名が残っているがこれは昔から市がたった場所だったはずである。そもそも、こうした商品を売る形式は行商から始まったといわれるがそうではなく、近在の人々が時間と場所を決めてそこで物々交換を行うという形の方が早いという説もある。ただ、行商にせよ、時間と場所を決めての交換にせよ、それは無店舗形式である。それがいつの間にか店舗という建物を置くようになった。記録に残っているが奈良時代や平安時代に都に常設施設として東西市が置かれた。都には貴族やお役人という自分が生きるためのものを作ることのない人がいたために店が必要だったはずである。

　多分、建物としての店はそれ以前に市がたつ場所に売買のための仮設の建物を作り始めたところであろうと考えられる。室町時代から江戸時代にかけて商業が発達し、街道や町に店は多くでき始める。商店街らしきものは江戸時代にそれなりの形をとってきたのではないか。戦国時代の斎藤道三や織田信長で有名な「楽市楽座」というのは小売店ばかりではないがそれらに関係するものの集積に効果を上げたろう。現代につながる小売店の集積はこうして自然に生まれてくるといわれる。江戸時代以来なら門前町、城下町などにおいてである。神社やお寺が置かれ、そこに参詣の人々がやって来る。この参詣の人を相手にするお店がその参道の両わきに出てくる。参詣の人の必要なものはいろいろなので出てくるお店もいろいろである。だから、複数のお店が寄り集まる。現代の長野の善光寺の参道にその面影がある。

　お城が作られる。それを中心として武士の屋敷が並び、その外に町人町が作られる。お店もその中で集合する。城下町というの

はお城から遠くなく近くないところに商業集積ができるのである。すべて需要体が密集して存在するからである。もう一つが街道の要所である宿場町である。街道に沿って茶店ができ、旅籠ができる。特に東海道や中山道など交通の多いところでは一日の旅程の距離によって町は決まってくる。参勤交代で大名が旅をする場合、それなりの施設の整った町が必要となる。

　こうして商業集積ができ上がってくる。1872年、日本では初めてパブリックの鉄道が開通した。汽笛一声の新橋と横浜（桜木町）の間である。それ以降、全国鉄道網ができ上がっていく。全国の都市、町に鉄道の駅が作られた。しかし、当初はこれに抵抗する勢力があったと一般には言われる。新しいものを嫌うということもあったと言われるが駅ができると通過交通が生まれ、町が寂れるという考え方である。鉄道によって商業集積が荒廃するという考え方もあっただろうがそれよりも既存の馬方や飛脚などの運輸業者が反対した。

　こうして線路と駅の設置には苦労し、既存のルートからはずれることも多かったようだ。良い例が東海道線である。本来の東海道は現在の御殿場線が走っているルートであった。しかし、多くの反対があり、今の東海道線が走っているルートに決まった。その結果、旧東海道の宿場はさびれ、東海道線沿線の都市は栄えた。大量交通手段の威力とはそういうものである。ただ、東海道線の設置には異論もある。軍事上の都合だというものである。黒船来航、薩英戦争の記憶がまだあせない時代である。外国戦艦による艦砲射撃を危惧したからだといい、山縣有朋の指示だとも言う。ただ、現在の東海道線が熱海付近では海辺を通っているからこれは怪しい。もっとも、昔の鉄道は軍用の性格も強い。

　さて、こうして全国に駅が作られて行く。駅をどこに設置する

か。町の真ん中に置くわけにはいかない。場所が取れない。それよりも駅には両方から鉄路が設置されねばならない。その土地も必要である。したがって、町のはずれに駅が作られた。駅が作られると人の乗り降りで多くの人が駅に集まってくる。町の中心と駅を結ぶルートに商店ができてくるのである。駅前商店街の誕生である。今でも地方都市では昔から続いている中心地商店街と駅前商店街がある。多くの場合、駅前商店街の方が中心市街地商店街といわれるものとなっている。この二つが大きな商店街でそれ以外に住宅地や学校やお役所や大きなお寺や神社の回りに中規模、小規模な商店街が存在している。

2　モータリゼーションの時代

　こうした商店街といわれるものが現在、日本全国で約2万ヶ所あるといわれている。ただし、これは振興組合などの組合に組織化されている商店街だと3000強となる。ある程度の商店街はおおむね組織化されている。ただ、巨大な商店街の場合、複数の組合に別れていることも多い。それ以外にごく少数の商店が存在する場合は組織化されていないが全国レベルではその数もばかにはできない。

　戦後、日本の小売店は急速に増え始め、経済発展の中で大きな存在となっていく。しかし、1960年代から状況が大きく変わってくる。スーパーといわれる大型店の登場と成長である。食料品と日用雑貨品を主に売るスーパーマーケットだけでなく、衣料品、家電やカメラなどの耐久消費財などを主に売るディスカウント・ストアである。

　当初、こうした大型店は駅前だの中心部に店舗を作ろうとした。つまり、商業集積の中に出店するのである。この場合、商店

街自体はかえって集客力を高めることとなる。ただし、商店街の中にある個店においては大きな影響を受けるものが出てくる。反対に中には良い影響の出るものもある。また、商店街のはずれに大型店が出てくると人々の買い物のための回遊ルートが変わって寂れる部分と新たな商店が登場する場所ができたりする。

中小商店を守ろうとして保護政策とも言える大規模小売店舗法（大店法）が施行され、大型店は届出が義務づけられた。その前段階に商業関係調整法にもとづいて商調協という組織が作られ、そこで調整をするようになったが、そこでのつばぜり合いは大型店の出店を阻止しようとするものであった。これは長い間、全国でぎくしゃくと続いていたが1980年代になって更に状況が変わった。

モータリゼーション時代の到来である。人々の買い物行動だけでなく、行楽や交遊においても、地方では通勤などにも車が使われるようになったのである。その結果、商店街の持つワン・ストップ・ショッピングのメリットが意味を失い始めた。ワン・ストップ・ショッピングとは一か所ですべての買い物をすまそうという行動である。郊外の幹線道路沿いにロードサイド・ストアといわれる単店の大型店が出店する、更には郊外に大型のショッピング・センターを建設する、という形である。

大店法は意味を失い、すでに1994年に廃止され、大店立地法という環境維持を中心とする法律に変わったがこれは商店街を保護するという主旨のものではない。郊外に新たな商業施設ができたことは極めて大きな意味を持つ。例えば、1990年以降に郊外に大きな新興住宅地が作られ数千所帯という人がそこに住むようになったとしてもそこでは商店街らしい商店街はできない。人々は車で郊外の大型店に買い物に行くからである。たとえ、商店街が駐

車施設を作っても「無料で常に空きスペースがあって駐車でき、車を停めやすい広さがあり、幹線道路を使って行き易く、全天候型である郊外の大型ショッピング・センターや大型店」にかなうものではない。

　今、中心市街地商店街はまったくの危機に陥っている。調査によると危機だと感じている商店街は全体の60％以上にも及んでいる。全国的にシャッター通りだの櫛引き町だのだという商店街があちこちで生まれている。商店街の中の店が廃業し、シャッターを閉めたままになっている状態を示すものであり、比較的立地の良い商店街でも物販店が飲食店、サービス店にかわってきたりしている。夜の町になったのである。

　行政では中心市街地商店街の復興を進めようとまちづくり三法（改正都市計画法、中心市街地活性化法、大店立地法）の改正を行って、てこ入れをしようとしているが効果は薄いだろうというのがおおかたの見方である。

　アメリカでは最近、郊外にライフスタイル・ショッピング・センターなるものが作られ始め、ブームとなりそうだと言われる。ライフ・スタイル・センターとはダウン・タウンの良き時代を復活させた形で作られる。そこには「安全」と「全天候型」と「計画された店の配置」と「娯楽と買い物の合体」が実現されている。自然発生型の商店街にはないものである。もちろん、巨大な駐車場が設置される。今、中心市街地商店街では「所有と営業の分離」が言われている。商店街のすべての土地と建物を出資し、独立の株式会社なりの組織にしてそこに計画された店を入れていこうというのである。所有はするが営業をしないものが生まれ、営業をするものから家賃収入を得るという形である。果たして長い間、そこで所有と経営と生活をしていたものがこういう形を受

け入れるであろうか。

3　業種対業態の戦い

　この40年、ひとつの見方として「業種対業態の戦い」ということがある。そして、常に業態が業種を駆逐してきた。商店街の多くは業種の集まりであり、大型店といわれるものはすべて業態である。「ドラッグ・ストアとは薬屋ではないか」と反論する人もいるが町中にある小さな薬屋とマツモトキヨシのようなドラッグ・ストアを比べてみれば良い。店の規模、品揃え、価格、サービス、内外装はまったく異なる。第一、ドラッグ・ストアはチェーン形式で経営がされている。現在、日用品のトップ・メーカーである花王の最大の販路はドラッグ・ストアとホーム・センターだという。流通革命といわれるもののひとつの側面に業態革命というものがある。

　業態は消費者の購買行動のある側面をターゲット（標的）として設定し、それに対して「品揃えの豊富さ」と「価格の安さ」を武器とする。店舗立地は自ら選択し、適合しなくなるとスクラップ・アンド・ビルドを行う。大資本であり、チェーン・ストアであるためにどのような場合にも柔軟に対応できる（できないところもあるがそういうのは他の大型店に駆逐される）。

　これに対して商店街は何によって対抗できるだろうか。対抗できるとしたら対面販売による人間関係だというが今時どれだけの人がこうしたことに魅力を持つか、魅力を感じても果たして買い物に行くのか。ただ、現在でも大都会では商店街のうち、繁栄しているものがある。こうしたところはおおむね住宅が密集している中心地域の商店街である。人々の買い物は自動車によるものではない。

私の職場の近くに六角橋商店街というのがある。横浜でも3本の指に数えられる流行っている商店街だというがメインストリートにアーケードがあるわけでもなく、真ん中の道路が歩行者天国になっているわけでもない。流行っている理由は横浜でも一番古い地区の住宅が密集している地区だからだろう。東急東横線の白楽駅から続く商店街だから通勤通学の人が一日中、歩いており、交通量は多い。東京の渋谷へ30分程度で行ける場所なので車を持っていても通勤通学に車は使わない。商店街を歩く。古い商店街で住宅地なので大型店が出店できる場所はほとんどなく、実際に大型店はごく少ない。われわれの調査ではこの商店街に買い物に来る人の90％以上が徒歩（自転車を含む）によるものとなっている。横浜の中心地や東京に買い物には行くのだろうが地元で買うものとは区別しているようである。

　こういう商店街は全国でも少なくなってきている。銀座や心斎橋や横浜元町や神戸三ノ宮や名古屋の栄といった超広域型の商業集積は別とし、大都市の住宅地の商店街や地方中核都市（県庁所在地など）の中心市街地や大観光地の商業集積などを除くと果たして今のような形で生き残っていくかどうかでは疑問視されている。

　地方都市のお年寄りなどの車を使えないトランスポーテーション・プア、それに伴うショッピング・プアのために町中の商店街は必要だ、などというがこれに対応させて商店街復興をするよりも買い物代行業といったニュー・ビジネスが登場したり、イオンなどはすでに行っている郊外のショッピング・センターと各駅の間に巡回バスを走らせ、お年寄りの便宜を図っていることの方が普通になるだろう。

　こうした一般の商店街の苦境を解決するために考えるべきこと

は「共存共栄」だと言う。都市中心の商店街と郊外の、あるいは都市中心にある大型店とが共存共栄を図ればよい、ということである。ではどうして共存共栄を図るのか。それは「棲み分け」だという。棲み分けは耳触りのよい言葉であるし、行政が目標にしやすい。果たして棲み分けなどができるのだろうか。棲み分けというのはいったい、どういうことだろうか。

4　棲み分け理論

　棲み分けという言葉は社会科学の言葉、概念ではない。棲み分け理論というのがある。これは進化論の中では珍しく日本人によって作られた理論である。今西錦司という学者が提唱したダーウィンの考え方を否定する理論である。基本となるダーウィン流の「自然淘汰」「適者生存」を真っ向から否定する理論は少ない。

　今西錦司はそれを行った。今西錦司は1902年に京都で生まれた。京都大学の農林生物科を卒業し、京都大学に奉職した。辞書には生物学者、人類学者、探険家とされている。今西を有名にしたのは京都大学で「霊長類研究グループ」を養成したことと戦前では白頭山、ポナペ、大興安嶺など、戦後もネパール、ヒマラヤ、マナスル、カラコルム、ヒンドゥークシなどを探険していることである。余談だが私の愛読書に今西の『大興安嶺探険』という本がある。こうした探険の間に水生昆虫などを研究し、棲み分け理論を提唱した。

　棲み分け理論はダーウィンの進化論の大きな欠点を説明するものとなる。例えば、現在、われわれが目にする鳥たちは恐竜（あるいは爬虫類）が進化したものだというのが定説である。しかし、自然淘汰ではこのことは説明できない。単純な突然変異説でも難しい。なぜなら、鳥の羽は腕を横に伸ばしそれを羽の軸と

し、その回りに皮膚が変化した羽毛を取り付け、骨を中空にして軽くし、体の肉は羽根を動かす部分に集め、余計なものをなくし、羽を動かして空中でも自在に飛べるように脳も変えた。

　こうしたことは自然淘汰では説明できないだろうし、こういうことが突然変異で文字通り突然に出現するとは思えない。もちろん、使う部分が進化するという用不用説でも難しい。ミッシングリンクという言葉がある。鎖の中間の部分が存在しない場合に言う。かつて始祖鳥というのが有名であった。始祖鳥というのは1820年、ドイツのバイエルン州のゾルンホーフェンというところの石切り場で化石が発見された。大きさはカラス程度であって肋骨とか尾椎は爬虫類的だが現代の鳥と同じような羽がある。ただ、くちばしに歯があり、前肢に爪があったりということで奇妙な形である。中学の教科書に想像図が載っていたりしたので記憶されている人は多いだろう。

　長い間、これが鳥の先祖だといわれ、当時鳥は爬虫類から進化した証拠だといわれた。ただ、近年では中国で羽毛を持つ恐竜のようなものが発見されたりしてはっきりしなくなっている。そういうとプテラノドンはどうしたと言われるかもしれない。これは翼手竜という分類であって空を自在に飛ぶから鳥の先祖ではないか、という人もいるが翼手竜は現代のコウモリと同じような構造であって鳥とは違う。ついでだが恐竜は爬虫類とは別に分類される。また、翼手竜やネス湖の怪物がそうではないかといわれたプレシオサウルスなどの魚竜も恐竜でもなく爬虫類でもない、などと言ったりするが大きく分けると恐竜の中に分類されるのであろう。私としては恐竜と爬虫類は別だと思いたいが。だから、鳥類は爬虫類か恐竜から進化したとなる。

　問題は始祖鳥を始め、鳥のオリジンらしきものは発見されるの

だがその後、それが次第に鳥になっていく過程の進化の証拠となる時代推移に従った化石が見つからないということである。この過程の未発見の部分をミッシングリンクという。ただ、これは見つからないのではなくそもそもそういうものは存在しないのだ、とも言われる。鳥は少しずつ爬虫類か恐竜から変わってきたのではないのではないか、ということである。ではどうなったのか。まず、今西は種による棲み分けという考え方を示した。「種社会」という単位を取ったのである。生物界はたくさんの種によって成り立っているがそれぞれの種は巧みに棲み分けをすることによって生活の場を獲得しているのだと考えた。これを今西は京都の鴨川の4種のヒラタカゲロウという虫の観察で見つけた。この幼虫は4種が川の真ん中から流れの速さに応じてうまく並んで場所を分けて棲息している。幼虫だけでなく成虫もこうした棲み分けをしているのである。このようにすべての種が種の中で、つまり種の社会の中で棲み分けをしていると考える。そう考えないと世界中に150万種という膨大な生物の種があるのにそれぞれ存在できている理由が説明できない、というのである。

　屋久島のような海抜ゼロの場所から九州一の高山である宮之浦岳のような海抜2000メートルにもなる高地が狭い島にあるとすると高度によって植生も違い、自然条件は大きく異なる。したがって、低いところか高いところに移るにつれ植物も動物もそこに生存しているものは棲み分けによって異なってくるということの説明ができよう。つまり、種は競争によって淘汰されて残ったものというのではなく、棲み分けで存在していると考えたのである。当然、これに対する批判も多い。「棲み分けは生存の結果を示すものではないのか」ということはごく自然の考え方であろう。また、「棲み分けは証明ができない」という批判もある。もし、棲

み分けをしていると考えられる種についてある部分を占めているものを取り除いてみるとその時その時で状況は異なってきて一定の結果が出ない。棲み分けの意味がわからない。

　また、「棲み分けでは進化のプロセスが説明できない」という批判がある。これに対して今西は種というものの変化を言っている。ダーウィン流の西洋の進化論は個体から見ていくという研究方法を採る。これをミクロ視点の還元主義というらしいが今西はマクロの種全体から見ていっている。今西は「種全体がある時に変化すべき方向に一斉に変わっていく」という考え方をとった。どうしてある時期に種全体が一斉に変わっていくのかはわからない。これは神の領域なのか。

　「広域に散らばって生存している種が一斉に変わるというのはおかしい」という批判になるわけだがこれはこれからの遺伝子の研究によって説明ができるようになるかもしれない。実際にコープやハーケなどによって提唱された「定向進化説」というのがある。環境変化や自然淘汰とは無関係に生物は一定方向に進化する、というものであるし、遺伝子そのものにある時期に急に変化するプログラムが組み込まれているのだ、という説もある。

5　結果としての共存

　今西進化論は個から見るのではなく、大きく種全体から見ていくというものであり、また、変わるべくして変わるというものであるために東洋的な思想が入っているということと運命的な考え方である、ということであり、それは今西が文化人類学的な考え方を持っていることと日本人であることとに関係しているのかもしれない。これはフロイト流の神経症やヒステリーに関する理論に対して日本の森田正馬によるモリタテラピーが東洋的過ぎると

棲み分けは救いなのか 177

いう批判と似たようなものかもしれない。

　今西の進化論はそれなりに評価されつつ、一応、異端的な扱いであるがもしかするとアメリカでよく話題になるキリスト教原理主義の聖書絶対による「生きとし生きるものはすべて神が作られたもうた」という考え方の味方になるかもしれない。生物は進化している。それは神（自然）の意志による、というわけである。運命論だという人もいる。となると商店街の言う棲み分けへの期待は方法論としては存在せず、「そうなるとよい」という期待論ではないのか。棲み分けが競争の結果であり、自然淘汰がされ、適者が生存するという結果となったとしたら今のところ、多くの商店街がこのプロセスを経て棲み分けに残るという保証はない。

　もし、何らかの方法を講じて大型店に対抗していこうというならそれは競合であり、自然淘汰が行われる。その結果、繁栄して残るものは残り、細々と残り、消えていくものは消えていく、という結果になるのではなかろうか。しかし、何らかの事情で環境に大きな変化が起こったりすると状況は変わるかもしれない。たとえば、交通規制や地球温暖化の環境問題でモータリゼーションに大きな変化が起これば再び商店街が復活するかもしれない。とは言え、地球温暖化によって海面上昇や気候変動が起こってもその影響を大きく受けるのは貧しい国であって先進国は対応できるという考え方がある。

　環境条件が大きく変わっても資金力や人材力のある大型店はその変化に対応でき、資金の乏しい、人材も不足し、意思統一の難しい商店街は対応ができない。耳に心地よい棲み分けもそれが自然頼みでない限り、何らかの方法で実現を図らねばならないないだろう。いずれにせよ競争であり、それに勝って消費者を奪い返すか、あるいは隙間商法的に大型店の補完を行い小規模に生き残

るか、はたまたこれまでの商店街とはまったく別物の新しい商業集積を作り上げるかということだろうか。そして、消えるか。

　今西進化論の棲み分けがそのプロセスを説明していない以上、商店街の言う棲み分けはそれにいたるプロセスを解明する必要がある。問題は今後も大都市中心の国際的大繁華街として繁栄するもの、それなりに地域に密着して生き残っていくもの、小規模でも特色のあるもの、といったものと商店街とは言えないものとなっていくものがあることであろう。統一的な復活の方法など存在しない。過日、山形県の上山市を訪れたが始めて見た上山駅の前はロータリーがある広場であってそこからまっすぐに街道が延びていた。地元の人に聞くと以前は駅から続く街道は商店街だったという。現在では若干の商店と事務所があるだけでとても商業集積とは言えない状態だった。

　上山市は山形市のベッドタウンとなり、車で山形は1時間もかからないところであると同時に東北は郊外の田舎に巨大なショッピング・センターがいくつもできている地区である。かつての上山駅前商店街が復活することはあるのだろうか。

変化は起こり続けるもの

1　不断な変化

　変化というものは不断に起こり続けるものである。そして、それはいつでもどこでも起こっている。小売業は世界中に存在するがそれは常に自店の商売を大きくしようとして、少しでも売り上げを増やそうとして、何らかの工夫をし続けている。工夫による変化には大きいものと小さいものがある。このことは太古の昔からそうだった。

　しかし、その試みは多少は成功することもあり、不成功の時もあっただろう。変化とはそういう程度だった。しかし、環境条件が整わねば多少の成功や不成功はそれだけのことだったはずである。変化が起こったとしてもそれで新しい業態が起こるということはない。昔ながらの商売は変わりはしない。変わったとしても小さな変化であり、その時だけの話である。こういうことを考えてみるとよい。

　乾燥地帯の大地にたくさんの種を蒔いてみる。ほとんどの種は芽をふくことはない。たまたま、少数の種はどういうことがあったかわからないが発芽した。しかし、すべてが大きく育つことなく枯れてしまった。種は業態のそれであり、変化である。環境条件がととのわない場合はこういう運命となる。

　小売業の変化の種はいつの時代も起こり続けているはずだ。商

店主の中には変化を求める人はいつの時代もたくさんいる。したがって、大昔からこういう変化は起こり続けていたのだろう。業態の芽はあっても萌芽はしない。こういう状態が続いていた。

しかし、環境が整い始めたのである。産業革命とそれに続く大衆消費社会の到来である。それとは関係なく小売業の変化は起こり続けている。そこには小さい変化と大きい変化がある。それは意図して起こるものではない。環境が整ったからといってこれらの変化はすべてが成功し、新しい業態が生まれるというものではなかろう。相変わらず環境に適合せず変化は業態誕生とはならない。しかし、環境が整ったために無数の変化のうち、たまたまうまく環境に適合して新しい業態らしきものになっていくものが出てくる。ところが、それは意識してそうなるというものではない。たまたま、運がよく業態として生まれるものが出てくる。

それが百貨店のボン・マルシェであり、スーパーマーケットのキング・カレンであり、コンビニエンス・ストアのセブン－イレブンだった。とはいうもののこうした変化による業態の誕生はたまたま彼らの運がよかったからだといえよう。なぜなら、こうした変化は彼らの独占ではなく、世界中で多くの小売店が行っていたはずである。つまり、同じような変化を試みたものがたくさんあったはずである。

しかし、運よく環境に適合したのが彼らだった、ということである。こうした変化は後で振り返ってボン・マルシェやキング・カレンやセブン－イレブンが成功して業態として認識されたために彼ら独自の変化だと考えられるが、実際は同じことを行おうとしたものはたくさんあったにちがいない。とは言え、大多数は環境に対して微妙に時間的、地理的、形態的に適合しなかったために新しい業態とはならなかったのである。運よく、芽を吹くこと

変化は起こり続けるもの　181

ができたのがごくごく少数のものであった。それでも世界中で言うならその芽をふいたものはかなりの数があったはずである。誕生しただけではだめでそこから育っていかねばならない。この段階で大多数はふるい落とされているはずである。

2　業態の定着

　業態の誕生はこうして起こる。しかし、それで終わりではない。その業態の定着が必要である。定着できず消えるものも多い。定着できるものは運よく生き残るというものであろう。経営者の能力や努力や洞察力によって定着はできたというがそれは結果論である。「こうすれば成功する」とか「こうなるはずだ」というのは賭けだろう。前もってそういうことがわかるとか、わかる能力がある、というのは幻想にしか過ぎない。そうではなく、自らはそう思ったとしてもそれは賭けであったろう。

　うまく環境に適合して賭けに勝ち、初期的定着をして後に業態の誕生といわれるものが生まれてきた。以上が業態の誕生であり、その成功は突然変異と呼ばれることとなる。シンプソンの言う「種分化」なのか「大進化のはじまり」なのか。

　次に新しく誕生した業態の萌芽は育っていかねばならない。中進化である。これについては環境適合が基本となるだろう。細かい環境は時々刻々と変わっていく。また、定着した業態はその適合範囲を広げていかねばならないためにそれぞれ少しずつ違いがある環境にそれぞれ適合する必要がある。この中で自然淘汰が行われる。実際には企業として同じような業態となったものは複数あったと思われるし、ひとつ成功した場合は他の企業も同じ業態として登場してくるはずである。当然、淘汰が行われる。業態自体が淘汰されてしまうこともあるだろうし、同じ業態の中で淘汰

されるものとされないものが生まれてくる。

ただ、このことは企業間競争というべきであり、業態自体には関係ない。業態として新たな進化を始めるのかそこにいたるまでもなく業態自体が消滅してしまうこともある。運よく、残ることができた業態は時間推移の中で変化をしていく必要がある。同じ業態の企業はこの段階で複数存在するだろうがそれが残るかどうかは環境適合の問題である。

ここでも「たまたま」が働く。初めから新たな環境に適合するかどうかは決まっているわけではないし、小売業の経営者がそれを完全に予測できるものではない。確率の問題かも知れない。うまく環境適合ができたものは残る。残ったものというのはその業態の生まれた時とはまた、違った姿になっているはずである。環境変化に対して適合するということは進化である。進化の結果、業態の姿は変わってくる。ただ、それはすべてが同じ方向に進化するものではない。系統進化は適応放散という形で個々の環境の違いの中でその姿を違えてくるものであろう。

こうして同じ業態と言いつつ、見た目は違うものがいくつもあらわれて来る。これは業態分化と言えようがコンセプトが同じであれば違う業態となったとは言えない。いわゆる亜種としての業態と言ってよい。こうして中進化が進み、誕生当時と異なる業態像が現れてくるはずである。業態の変化である。変化が進み、新たなコンセプトが生まれ、その業態と異なるコンセプトになった場合は新たな種の誕生、つまり新しい業態が生まれてくることとなる。

ただ、新たな業態の誕生であるとしたらそのこと自体は小進化である。ただ、混同してはならないのは業態と企業の関係である。ある業態を持つ企業は大企業化するならそこには経営的判断

変化は起こり続けるもの　183

が生じる。資本の論理である。特にリスク分散、リスク・マネジメントが行われるのである。ある業態が環境適合ができず消滅したとしても企業は多角化だの他の利益源を保持していることによってあるいは複数の業態を保有していることによって企業としては十分に生き残ることはできる。

　たとえば、総合カタログという業態は消滅したと考えられるがかつて総合カタログの有力企業だったシアーズ・ローバックやJ.C.ペニーは今でも小売業における大企業として存在している。他の業態を保有しているか、他の業態に変わったからである。企業の存続とある業態の盛衰とはまた別の問題であるだろう。力のある企業は業態の流れを見ていて巧みに業態の入れ替えを行うものである。成長するであろう業態を追いかけるのである。

　いずれにしても業態それ自体で考えるなら環境変化の中で、領域拡大の中で、環境適合をしていかねばならない。適合ができないものもあり、自然淘汰が行われる。進化していく業態と淘汰される業態がある。これはライフサイクルの問題かもしれない。適合ができた業態もいずれ環境変化の中で衰退することになる。恐竜は1億5000万年の間にどれだけの種を生んできたのだろう。これは今後の化石の発見のなかでどんどんと増えていくのだろうが数万種と言えるかもしれない。

　この種をひとつの業態と考えるなら誕生し、消滅することの繰り返しで変化をしてきた。とは言え、それは個々別々の種の誕生と消滅と考える必要はない。ひとつの種が他の種に変わったとも言える。恐竜が鳥に進化というのはその例である。つながりが存在するのである。衰退して消滅するというのは企業の問題であって業態自体は消えてもそれに続く新たな業態が起こっているから

である。

3 適合の条件

　業態の誕生とその進化はすべて環境への適合で起こる。中立進化においてたまたま環境に適合したものが表面化し、新たな業態が起こる。これは人為的な環境への適合というよりも環境の方から適合を行うという方がよい。この適合は常に環境が選択するという形で進むのではなかろうか。小売業の経営者は常に環境に「適合させてもらおう」と考える。そのために努力をする。しかし、それは環境側が決定する問題である。言い方が適当かどうかはわからないが「予定調和」ということである。

　大きな力が働いて業態は生まれ、進化し、衰退し、新たな業態へと変わる。企業の努力とは後で環境と企業の行動を客観的に見た場合の評価の問題である。企業のあり方の評価とは常に「あとだしジャンケン」のようなものではなかろうか。

　それがわかっているからこそ、企業は環境に適合させてもらえるように多くの選択肢を用意し、それを提示しようとする。これをリスク分散という言い方もできよう。リスク分散ということ自体が環境に対する「不確定性」ということを示しているのではないのか。予測というのはタイムマシンでも使わない限り絶対ではないのである。

　業態を進化論的に見ていくならそれは「偶然性」と「環境からの適合（選別）」である、と理解されよう。われわれにはうかがい知れない大きな力が働いていると考えるべきかもしれない。

　「他力本願」というのは悪い意味で使われることが多い。「人任せ」「他人頼り」ということであり、自ら努力をせず「棚ぼた」を待つというわけである。しかし、他力本願とか「絶対他力」と

いうのはそういうことであろうか。他力本願に対するものは「自力救済」であろうが本来、努力と自力は別の概念だろう。

　他力に頼ることを否定する人はこれまでの人生で自らの努力と根性でどうにか生きてきた人であろう。しかし、神経症を経験した人の多くは絶対他力を言う。倉田百三、五木寛之、渡辺利夫（経済学者）などは自著で絶対他力ということを言う。

　神経症は森田正馬が言うように精神における交互作用で発症する。「直そう」「直りたい」という気持ちはそのまま症状となる。そういう意志が働けば働くほど、そういう努力をすればするほど、症状はひどくなる。

　それを直すためには森田が言うように「症状は症状として放っておいて今、行うべきことを行う」というのが正しく、治療はそういうようにできるようにすることである。症状を忘れようとするというのは正しくない。「忘れよう」というのは「はからい」であり、直そうというのと同じことだからである。森田の言う「直らずして直った」というのはそういうことである。

　「人間の力ではどうしようもない」ということに気がつくのであろう。いしいひさいちの漫画に巨人監督時代の王貞治が夜にドラフトのクジを引く訓練を一生懸命に行い、「努力でできないことはない」ということを言うのがあった。小泉信三は「努力は不可能を可能とする」と言った。いずれも努力こそ万能と言った意味でのものではないだろう。人知の及ばないものがあるということはわかっていてのことである。報われることがわかっていて努力するということはない。努力は確率を上げる、あるいは選別の可能性を高めることはあっても絶対的な努力というものはないし、それが及ぶ分野は限られている。

4　選択から分化

　さて、いったん、誕生し、定着した業態は環境に選択されながらその姿を変えていく。しかし、コンセプトが変わらない以上、その業態はその業態である。問題は適応放散を行うということである。平面的広がりの中でそれぞれの環境に対応して形を微妙に変えていかざるを得ない。

　ここでは競争ということが行われる。形としては今西錦司の言う「棲み分け」が働いているかもしれないし、マーケティングで言う「差別化」が働いているかもしれない。しかし、棲み分けであっても差別化であってもそれは厳しい環境適合の過程で自然淘汰が行われる。この経緯の中で分化が進むであろう。たとえば日本のコンビニエンス・ストアにおいては長い間、セブン－イレブン型の業態で基本は変わっていない。しかし、オーバー・ストアという環境の登場で変化が起こり始める。分化である。分化を行った場合、あるものは環境適応で成功するがあるものは適応ができない。適応ができないものは消滅する。たまたま、適応できた場合は生き残ることとなる。

　その中から新しいコンセプトにもとづくものが生まれてくる。たとえば、コンビニエンス・ストアは便宜性をコンセプトとするものであるが「ナチュラル・ローソン」のように「エコ」をコンセプトに加えるものが出てくる。これはコンビニエンス・ストアでありながら便宜性に加えてエコというコンセプトを付加したものといえる。ただ、この段階では業態としてはコンビニエンス・ストアである。今、アメリカではコンビニエンス・ストアに対抗する新しいコンセプトによる業態が生まれようとしていると言う。

しかし、環境適合の段階でエコとコンビニエンスを組み合わせた新しいコンセプトが生まれてきてそれによって形態的にもこれまでにないものになると新しい業態が誕生したと言える。形態的変化は環境適合の中で行われる。

業態の進化もダーウィン流の進化論で考えてみることも可能であるがここで言う進化とは「良い方に進む」という意味だけでなく、「退化」や「衰退」や「消滅」もすべて含んだ概念である。

問題は変化はなぜ、起こるのか、ということであろう。これについては「変化は起こるものである」ということでよいとしてその変化の起こるメカニズムであろう。それに一歩踏み込んだのがマクネアの「小売の輪論」であろうがこれが不備なものであるということは多くの識者が言うところである。変化を起こすのは「革新」である、と言った場合、その革新とは何か、それがどういうメカニズムで革新が業態となり得るのかははっきりとしない。これは自然科学（生物学）としての進化論でも結論は出ていないはずである。

遺伝子の変化である、と言っても遺伝子の研究の歴史は浅く、今後の研究に待たねばならない。しかし、いくら研究が進んでも最後のところはわからないだろう。人知を越えた大きな力が働くという以外にないのではないのか。宇宙の果てと同じである。それは言えたとして、その先はどうなっているか。現在のわれわれが住む三次元の世界では理解不能かもしれない。

それは未来を予測するのと同じことではないのだろうか。ただ、自然科学でもそうだが過去に起こったことに対して理論づけをすることは可能である。理論づけしたからと言ってそれでこれから先に起こることを決めることはできないだろう。

ハーバード大学のクーバーマンという人が「人は二足歩行にな

ったから長距離を走れるようになったのではなく、長距離を走るために二足歩行になったのではないか」というようなことを言ったという。

つまり二足歩行は結果であり、現象である。その結果なり現象というのが小売業態の誕生だとするならそれをもたらした「あるもの」こそ重要である。環境というのは「あるもの」を生んだ背景であって、環境が「あるもの」そのものではない。

この「あるもの」こそが研究されるべきである。そういう意味で業態研究は結果なり、現象なりが生まれた後を研究することは重要であるがそれ以前を研究してみる必要がある。

スーパーマーケットでもコンビニエンス・ストアでもその誕生が特定できるのならそれを生み出したものを知りたいものである。誕生以後の研究と同時に誕生以前の研究が必要である。

これまで誕生以前については社会環境、経済環境、消費環境はかなり研究されたとも言えようが、業態の基礎となる「あるもの」の研究は甚だ不備であったと言わねばなるまい。

つまり、これからは業態に関して二つの研究が必要となる。ひとつは業態が生まれてから発展し、分化し、衰退するという過程の研究である。これは環境適合のパターン研究と言える。もうひとつは業態が生まれるに至る経過の研究である。どのような革新（変異）によって業態が誕生してくるかというものである。進化論における遺伝子の研究にあたる。

そこで本書の結論（？）である。小売業態が生まれ、発展、分化し、衰退するのは「系統進化」あるいは「適応放散」として、「環境への適合」というように理解する。

一方、小売業態の誕生は「中立進化」として、いくつかの改革要素の「組み合わせ」によるものである。一つの改革要素では変

異は生まれない。組み合わせの結合によってはじめて小売業態が誕生するのである。

参考文献

◎進化論関係

C・ダーウィン、島地威雄訳『ビーグル号航海記　上中下』岩波文庫　1959

J・ハクスリー、長野敏・鈴木善次訳『進化とはなにか』講談社ブルーバックス　1968

今西錦司『人類の進化史』PHP研究所　1974

坂東祐司『種の絶滅と進化』講談社ブルーバックス　1975

今西錦司・吉本隆明『ダーウィンを超えて』朝日出版社　1978

佐貫亦男『進化の設計』朝日新聞社　1982

今西錦司・柴谷篤弘対談『進化論も進化する』リブロポート　1984

S・グールド、浦本昌紀・寺田鴻訳『ダーウィン以来　上下』早川書房　1984

C・ダーウィン、八杉龍一訳『種の起源　上下』岩波文庫　1990改版

河合雅雄『サルからヒトへの物語』小学館　1992

国立科学博物館・読売新聞社「特別展　絶滅した大哺乳類展　解説」1995

J・ワイナー、樋口広芳・黒沢令子訳『フィンチの嘴』早川書房　1995

伊藤嘉昭『改訂版　動物の社会』東海大学出版会　1998

中原英臣『図解雑学　進化論』ナツメ社　1999

徳永幸彦『絵でわかる進化論』講談社サイエンティック　2001

犬塚則久『「退化」の進化学』講談社ブルーバックス　2006

遠藤秀紀『人体　失敗の進化史』光文社新書　2006

NHK恐竜プロジェクト『恐竜vsほ乳類』ダイヤモンド社　2006

池谷裕二『進化しすぎた脳』講談社ブルーバックス　2007

J・ウエルズ、渡辺久義監訳『進化のイコン』コスモトゥーワン　2007

中原英臣・佐川峻『新・進化論が変わる』講談社ブルーバックス　2008

◎流通論関係

浅井慶三郎『マクロ・リテイリング』税務経理協会　1975

マクネア＆メイ、清水猛訳『新版"小売の輪"は回る』有斐閣選書

1980
田島義博『流通機構の話』日経文庫　1990
鹿島茂『デパートを発明した夫婦』講談社現代新書　1991
片山又一郎『流通の基本知識』PHP研究所　1991
江尻弘『改訂版　流通論』中央経済社　1992
サム・ウォルトン、竹内宏監修『ロープライス　エブリデイ』同文書院インターナショナル　1992
長島信一「日米小売構造の変遷」『流通情報』流通経済研究所　1992
武野要子編『商業史概論』有斐閣ブックス　1993
小林隆一『流通の基本』日本経済新聞社　1994
鈴木安昭・関根孝・矢作敏行『マテリアル　流通と商業』有斐閣　1994
出牛正芳編著『基本マーケティング用語辞典』白桃書房　1995（新版2004）
矢作敏行『現代流通』有斐閣アルマ　1996
金顕哲『コンビニエンス・ストア業態の革新』有斐閣　2001
R・スペクター・S・マッカシー、山中鎮監修、犬飼みずほ訳『ノードストローム・ウェイ』日経ビジネス文庫　2001
大阪市立大学商学部編『流通』有斐閣　2002
原田英生・向山雅夫・渡辺達朗『ベーシック　流通と商業』有斐閣アルマ　2002
川辺信雄『新版セブン-イレブンの経営史』有斐閣　2003
中田信哉『流通論の講義』白桃書房　2007
ニューズ・ウィーク日本版（2007.10.10）
宮沢永光監修『改訂版　基本流通用語辞典』白桃書房　2007
李為・白石善章・田中道雄『文化としての流通』同文舘出版　2007

　その他、大辞林、広辞苑、三省堂国語辞典、ブリタニカ百科事典など。多くのHP。
　全体的ストーリー作りにおいては流通については私の講義の内容をまとめた『流通論の講義』によるがそれ以外では特に矢作敏行氏のものを参考にさせてもらった。
　進化論については私は素人なのでなにを読んでよいかわからなかった。昔から好きで買い求めた本を引っ張り出して読み直してみたが、一番わかりやすい中原英臣氏のものに多く依存している。

■著者略歴

中田　信哉（なかだ　しんや）
　1941年　島根県松江市生まれ
　1963年　慶應義塾大学経済学部卒
　現　在　神奈川大学経済学部教授
　著　書　『流通論の講義』（白桃書房）
　　　　　『ロジスティクス概論』（編著、実教出版）
　　　　　『基本流通論』（編著、実教出版）
　　　　　『ロジスティクス入門』日経文庫（日本経済新聞社）
　　　　　『図解でわかる部門の仕事（改訂版）物流部』（共著、日本能率協会マネジメントセンター）
　　　　　『現代物流システム論』（共著、有斐閣）
　　　　　『入門の入門　物流のしくみ』（共著、実教出版）
　　　　　『三つの流通革命』（御茶の水書房）
　　　　　『ロジスティクスネットワーク・システム』（白桃書房）
　　　　　『物流政策と物流拠点』（白桃書房）　　　　　　　　　　　　ほか

■小売業態の誕生と革新──その進化を考える──

■発行日──2008年9月16日　初版発行　　　　　　　〈検印省略〉

■著　者──中田信哉（なかだしんや）
■発行者──大矢栄一郎
■発行所──株式会社　白桃書房（はくとうしょぼう）

　　　〒101-0021　東京都千代田区外神田5-1-15
　　　☎03-3836-4781　📠03-3836-9370　振替00100-4-20192
　　　http://www.hakutou.co.jp/

■印刷・製本──藤原印刷

Ⓒ Shinya Nakada 2008 Printed in Japan　ISBN978-4-561-65173-4　C3063
・**JCLS**〈㈳日本著作出版権管理システム委託出版物〉
本書の無断複写は著作権法上での例外を除き禁じられています。複写される場合は、そのつど事前に、㈳日本著作出版権管理システム（電話 03-3817-5670, FAX 03-3815-8199, e-mail : info@jcls.co.jp）の許諾を得てください。
落丁本・乱丁本はおとりかえいたします。

中田信哉【著】
流通論の講義

著者の多年にわたる大学の講義を通して，流通を初めて学ぶ学生が，流通に興味を持ちながら理解できるよう，講演調で書かれたテキスト。流通構造論と流通経営論の2部構成で，流通の基本的な知識を学ぶことができる。

ISBN978-4-561-65164-2　C3063　A5判　250頁　本体2400円

中田信哉【著】
物流政策と物流拠点

神奈川大学経済貿易研究叢書第13号

著者は，長年にわたり物流政策等の審議会・委員会に参画してきた物流研究の第一人者。本書は，現在の「総合物流施策大綱」までの流れを公表された表面的なものだけでなく，審議過程までふまえて著した貴重な研究書。

ISBN4-561-76122-5　C3363　A5判　426頁　本体4800円

株式会社
白桃書房

（表示価格には別途消費税がかかります）